철새가 먼 길을 가듯이

큰 새가 먼 길을 가듯이

초판 5쇄 2018년 1월 25일

지은이_ 김재홍
펴낸이_ 장민환
발행처_ 석탑출판(주)
주 소_ 서울시 중구 통일로92 에이스타워13층
전 화_ 02-2287-2290 팩 스_ 02-2287-2291
이메일_ seoktoppub@naver.com
디자인_ 디자인내일 인 쇄_ 한영문화사

ISBN 978-89-293-0438-6 (03320)

鵬程萬里

큰새가 먼 길을 가듯이

|1부| 관료의 길

산업통상자원부 1차관이 되다 15
시련과 실패를 딛고 19
상공부로 전입 24
사행심과 한탕주의의 불씨를 끄다 30
지금 같으면 해냈겠나? 36
다른 폐광지역도 살리는 길 42
이러다간 큰일 나겠다 49
다시, 소신과 뚝심으로 54
관료가 잘해야 나라가 바로 선다 60
산업정책과 정부의 역할 65
사례1 : SK의 하이닉스 반도체 인수 70
사례2 : 삼성-LG의 특허분쟁 중재 74

|2부| 인생관

붕정만리 기불탁속 81
작은 아버지 86
좋은 인연을 많이 만들어라 91
자기절제할 줄 알아야 대과가 없다 96
반짝이는 아이디어보다 원론적 접근을 100
무 · 한 · 도 · 전 104
가끔은 거꾸로 보고, 뒤집어 보자 110
인생은 새옹지마 114
소통하고 협업하라 120
이분법적 사고에서 벗어나라 127
믿는 만큼 자란다 131

|3부| KOTRA에서 3년

관피아 논란을 뚫다 139

2년간 뒷걸음치던 수출 145

수출구조 개선이 해답이다 151

내수 중소 · 중견기업을 수출기업으로 160

수출 시장을 다변화하라 167

한류를 활용한 소비재 · 서비스 진출 지원 185

수출방식을 다변화하다 192

우리 경제에 도움이 되는 투자유치 199

잃어버려서는 안 될 20년 205

포괄적 협력관계로 발전한 쿠바 211

엑스포에서 무엇을 어떻게 보여주어야 하나 220

무역 1조 달러의 회복과 6년 연속 경평 A등급 226

|4부| 우리 수출의 미래

단순상품 수출시대가 끝나간다 235

국제분업 확대와 공유가치창출 240

상생과 호혜의 '메이크 위드(Make with)' 246

사례1 : 러시아 진출기업 대원GSI 253

사례2 : 중국 진출기업 CJ그룹 258

사례3 : 멕시코 합작기업 KST사 265

사례4 : 한국투자기업 도레이첨단소재 269

온 · 오프 글로벌 플랫폼으로 진화하는 KOTRA 273

우 · 문 · 해 · 답 279

책을 펴내며

책을 펴내는 마음이 설레기도 하고 두렵기도 하다. 내세울 게 많지 않은데 공연히 주변 사람들이나 독자들에게 읽는 수고로움을 끼치는 게 아닌가 싶어 우려되기도 한다. 그런데도 이런 염려보다 애쓴 보람이 더 클 수 있겠다는 생각으로 용기를 냈다. 이만큼 살아오면서 쌓아온 인생 경험이 적지 않다. 그것을 혼자서 기억 속에 묻어두기보다 세상에 내놓아 뒤따라오는 사람들의 인생길을 밝히는 한 줌의 빛이 될 수 있다면 의미가 있겠다는 생각으로 펜을 들었다. 부디 이 생각이 틀리지 않길 바라는 마음으로 졸저를 세상에 내놓는다.

어느 인생인들 순탄하기만 할까. 내 인생 역시 길게 보면 대체로 평탄해 보이지만 순간마다 고난과 역경이 많았다. 그런데 그것에 굴하지 않고 극복하면서 한 걸음씩 앞으로 나아갔던 것 같다. 그 힘의 원천은 무엇일까. 그것에 대한 나의 인생 경험을 나누려는 것이 이 책을 쓴 일차적인 목적이다.

나는 인생을 붕정만리(鵬程萬里)의 시각으로 '더 크게 더 멀리' 보고자 했다. 비록 유혹이 많아도 눈앞의 작은 이익을 좇지 않고 긴 호흡으로 멀리 보면서 행동하려고 했다. 그것이 당장에는 손해가 될 수 있어도 결국은 이득이 되고, 성공하는 인생으로 이끄는 길임을 느꼈다. 이런 인생관을 지침으로 삼아 온 덕분에 내 인생에 대과(大過)가 없었듯이, 독자들 또한 자신의 인생을 성공으로 이끌어 가는데 참고가 되면 좋겠다.

이 책은 총 4부로 구성되어 있다. 〈1부 관료의 길〉과 〈2부 인생관〉에서는 나의 인생 이야기를 들려준다. 나는 공직생활 31년 6개월에 KOTRA 사장 3년을 더해 거의 35년을 공조직에서 일했다. 나이로도 어느덧 환갑에 이르렀다. 나는 경험한 업무와 인생관을 이야기하듯이 써서 그것들이 함께 어우러지도록 하고자 했다. 독자들은 내가 겪은 업무 속에 나의 생각이나 행동들이 어떻게 녹아들어 일이 어떤 방향으로 진행되고, 어떤 결과를 만들었는지에 대해 이해와 공감을 할 수 있을 것이다.

이런 취지로 글을 썼지만 한편으론 주저되는 부분들도 있다. 업무에 관한 이야기는 개인적인 견해를 최대한 배제해 논란을 피할 수 있다. 그런데 당시 업무와 관련된 사람들에게는 본의 아니게 아픈 기억을 떠올리게 할 수 있고, 의도와 다르게 와전될 수도 있어 조심스러운 마음이다. 또 자신의 생각을 공개적으로 드러내는 것이 쉬운 일이 아님을 많이 느꼈다. 그동안 처자식에게도 말하지 않았던 개인적인 인생사도 있는데, 이런 것들이 독자들에게 어떻게 전달될지 모르겠다. 부디 독자들이 책을 관통하는 큰 의미를 눈여겨보고 공감해주면 좋겠다.

이 책을 쓴 또 한 가지 목적은 우리 수출에 관한 것이다. 나는 국가의 무역투자 진흥을 이끌어가는 기관장으로 일해오면서 우리 수출이 지닌 구조적인 문제에 대해 많은 것을 보고 느꼈다. 그러면서 우리 수출 역시 붕정만리처럼 '더 크게 더 멀리' 보는 시각에서 구조를 개선하려고 많은 노력을 기울였다.

갈수록 수출의 경제성장 기여율이 줄어들고, 고용창출 효과도 둔화되고 있다. 따라서 수출 주체를 중소·중견기업으로 전환하고, 품목·시장·방식의 다변화를 지속적으로 추진해야 한다. 그래야 수출이 대기업 위주의 양적 성장에 머무르지 않고, 중소·중견기업의 성장과 일자리 창출로 이어질 수 있다. 〈3부 KOTRA에서 3년〉에서는 수출구조 개선을 위해 기울여온 노력과 성과들을 다루고 있어 우리 수출이 당면한 문제들을 함께 고민해보는 계기가 될 것이다.

〈4부 우리 수출의 미래〉에서는 우리 수출과 투자의 미래에 대해 다루었다. 지금 글로벌 통상환경은 신보호무역주의가 강화되고 있다. 따라서 이제는 단순히 상품수출을 통해 경제성장을 추진하는 모델에서 벗어나 새로운 해외진출 및 성장전략을 마련해야 한다. 이를 위한 방안으로 나는 '메이크 위드(Make with)'를 강조한다. 이는 상생과 호혜의 관점에서 해당국의 산업발전, 소득증대, 고용창출 등에 기여하는 모델을 말한다. 몇 가지 사례들을 소개했는데, 이런 모델들이 다양한 분야에서 시도되어 지속가능한 무역성장을 이끌어가면 좋겠다.

이 책에는 수출 증대를 위해 KOTRA 직원들과 함께 뛰었던 지난 3년간의 땀도 담겨 있다. 무엇보다 나는 중소 · 중견기업의 해외진출을 확대하기 위해서는 '소통'과 '협업'을 강조해왔다. 그 결과, 외부로부터 KOTRA 직원들의 일하는 자세가 바뀌었다는 이야기를 자주 듣고 있다. 본사와 해외 무역관, 그리고 지역본부들 간의 소통과 협업이 활발해져 단편적인 사업이 아니라 관련 분야를 하나로 묶어 추진하는 융 · 복합형 사업이 많아지고 있어 고무적이다. 또 수출유관기관들과 '개방형 협업'에 적극 나선 결과, 중소 · 중견기업들의 해외진출에 필요한 서비스를 한번에 제공하는 기반을 다져 놓았다는 점에서 보람을 느낀다.

하지만 아직 갈 길이 멀다. 급변하는 글로벌 무역환경은 우리에게 새로운 도전과 혁신을 요구하고 있다. 중소 · 중견기업의 해외진출을 지원하는 '글로벌 비즈니스 플랫폼'인 KOTRA는 오프라인만이 아닌 온라인에서도 플랫폼 역할이 요구되고 있다. 따라서 KOTRA가 국가 차원의 O2O(Online to Offline) 글로벌 비즈니스 플랫폼 역할을 수행할 수 있도록 직원들의 더 많은 분발과 노력을 기대한다.

책을 펴내자니 그동안 소중한 인연을 맺어온 주변 사람들이 많이 떠오른다. 본문에서도 밝혔듯이 좋은 인연들의 은혜에 힘입어 지금 이 자리, 이 순간까지 올 수 있었다. 머리 숙여 감사드린다. 또 항상 편안한 안식처가 되어준 가족에게도 고마움을 전한다.

이 책은 그동안 언론에 기고했던 글들을 중심으로 틈틈이 생각을 정리해 묶은 것이다. 기억에 의존해서 쓴 것들이 많아 간혹 잘못된 점이 있을 수 있으니 너그러운 이해를 바란다. 이 책이 인생의 길을 찾는 누군가에게 등대가 되고, 우리 무역 · 투자의 미래를 고민하는데 참고가 되면 좋겠다.

2017년 12월 구룡산 자락 집무실에서

김 재 홍

鵬程萬里
큰 새가 먼 길을 가듯이

|1부| 관료의 길

산업통상자원부 1차관이 되다

시련과 실패를 딛고

상공부로 전입

사행심과 한탕주의의 불씨를 끄다

지금 같으면 해냈겠나?

다른 폐광지역도 살리는 길

이러다간 큰일 나겠다

다시, 소신과 뚝심으로

관료가 잘해야 나라가 바로 선다

산업정책과 정부의 역할

사례1 : SK의 하이닉스 반도체 인수

사례2 : 삼성-LG의 특허분쟁 중재

산업통상자원부 1차관이 되다

“잠깐 차나 한잔하고 들어갑시다.”

강남 쪽에서 점심을 먹고 과천청사로 돌아가는 길이었다. 내 말에 운전기사가 교육문화회관(현재 더케이호텔) 방향으로 차를 몰았다. 그 날은 차관 인사 발표가 예정돼 있었다. 외부인사와의 약속 때문에 밖에서 점심을 먹고 사무실로 돌아가는데 그때까지 발표가 나지 않았다. 그래서 어디서 차라도 마시면서 발표를 지켜 본 뒤에 사무실로 들어가는 것이 좋을 것 같았다.

3월 중순의 날씨는 싸늘했다. 봄을 재촉하듯 그 날은 전국적으로 비가 촉촉이 내렸다. 돌아보니 공직에 입문한 지 꼭 30년이었다. 큰 과오 없이 일해 온 덕분에 일반직(장 · 차관은 정무직으로 분류된다)으로서는 최고위직(1급)까지 올랐으니 여한이 없었다. 차관이 되지 못해도 공직자로서 충분히 성공하고 만족할 만한 삶을 살았다는 생각이 들었다.

마음은 비웠지만 발표가 임박하니 어쩔 수 없이 긴장되었다. 시험 결과를 기다리는 수험생과 같았다. 후보자들은 행정고시 26회 동기들이었는데 그 중에서 내가 제일 나이가 많았다. 그래서 차관이 되지 못하면 곧바로 옷을 벗어야 할 상황이었다. 마음 속으로는 사직서를 준비하고 있는 그때 휴대폰이 울렸다.

"지금 어딥니까?"

인사청문회를 마치고 갓 취임한 윤상직 장관이었다. 밖에서 일 보고 들어가는 중이라고 하니, 곧바로 업무 지시가 내려왔다. 이 상황에 무슨 업무 지시를 받나 생각하니 느낌이 좀 이상했다. 그러면서 말끝에 "좋은 일이 있을 거요."라고 했다. 곧바로 차를 돌려 청사로 향하는데 심장이 쿵쿵 울렸다.

사무실로 돌아와 자리에 앉으니 문자가 왔다. 행정안전부 인사라인에 있는 아는 후배가 '형님, 축하합니다' 라고 문자를 찍어 보냈다. 그것을 보니 정말이구나 라는 생각이 들었지만 내색은 하지 않았다. 얼마 후 TV를 통해 14개 부처의 차관급 인사가 발표되었다. 1차관에 내가, 2차관에 한진현 무역투자실장이 각각 임명되었다. 여기저기서 축하가 쏟아졌다. 가슴이 북받쳐 올랐다.

차관으로 임명된 2013년 3월 13일은 공직생활 중에 가장 감격스런 순간이었다. 산업통상자원부 1차관은 기획, 산업, 무역, 인사 업무 등을 관장한다. 그동안 1차관은 이른바 '공 · 비 · 총' 출신들이 많았다. 공 · 비 · 총이란 공보관, 비서관, 총무과장을 일컫는 말이다. 요즘은 여기에 청와대 비서실 근무 경험까지 포함시켜 '공 · 비 · 총 · 청'이라고 부르기도 한다. 그런 점에서 보면 이들 부서에 근무했던 적이 없는 나는 예외적인 경우에 속한다.

이들 부서에 근무하지는 않았지만 전혀 기회가 없던 것은 아니다. 총무과장이나 공보관을 할 기회는 있었다. 총무과장 후보로 거론되었을 때는 전임 과장과 고교동창이어서 동창끼리 자리를 이어 받는 것이 걸림돌이 되었다. 공보관에 추천되었을 때도 비슷했다. 전임 국장이 동기여서 그 자리를 넘겨 받는 것도 부자연스러웠고 다른 이유도 있고 해서 고사를 했다.

기수로 보면 우리 동기들은 좀 운이 없는 편이었다. 바로 위인 행시 25회 출신들 중에서 차관이 다수 배출되어 우리 기수들은 상대적으로 기회가 적었다. 내가 차관으로 임명되기 전에 이미 안철식(지식경제부 2차관으로 임명된 지 열흘도 되지 않은 시점에서 순직하신 안타까운 분이다), 안현호, 윤상직, 조석 등 무려 4명이 차관을 지냈다. 이후에도 한진현, 문재도 2명이 더 차관을 했다. 보통 한 기수에서 1~2명 정도 차관이 되는데 그 기수는 좀 특별했다. 그런 탓에 산업부 내의 우리 기수 중에서 차관이 된 사람은 내가 유일했다.

여러모로 만만찮았던 여건 속에 차관 자리에 오르고 나니 새삼 중요하게 느껴지는 게 있었다. 바로 주변에 좋은 인연이 많아야 한다는 것이다. 후보자가 되면 여러 경로를 통해 인물에 대한 성향, 자질, 능력, 평판 등을 검증 받는다. 때문에 평소에 자기와 좋은 인간관계를 유지하는 사람들이 많을수록 전반적인 평가에서 후한 점수를 받게 된다.

인사(人事)란 내 의지로 되는 게 아니다. 아무리 똑똑하고 일을 잘한다 해도 주변의 평가가 좋지 못하면 절대로 자기 욕심대로 되지 않는다. 선택하는 것이 아니라 선택받는 것이기 때문이다. 이런 평범한 사실을 차관이 되면서 절실히 느꼈다. 미당 서정주 시인은 〈자화상〉이라는 시에서 "나를 키운 것은 팔 할이 바람"이라고 했다. 바람처럼 자유로운 영혼으로 떠돌면서 영감을 얻고 예술로 승화시킨 큰 시인다운 호방함이 느껴진다.

이 시구에 빗대어 표현한다면 나를 키운 팔 할은 무엇일까. 다름 아닌 '주변의 좋은 인연'이라고 말할 수 있겠다. 서로 이끌고 밀어주고, 감싸고 격려해주던 주변 사람들이 많았기에 부족한 내가 차관 자리까지 오를 수 있었다고 생각한다. 일터에서 동고동락하면서 함께 아름다운 인연을 만들어온 모든 분들에게 감사를 전한다.

시련과 실패를 딛고

관료의 길에 들어서는 시발점이 된 것은 행정학 전공이었다. 법대에 가겠다는 생각은 중고교 시절부터 해왔지만 다소 막연한 상태였다. 법학은 법률을 제정하고 감시하는 영역이라 딱딱하고 보수적으로 느껴졌다. 반면에 행정학은 정책을 수립하고 집행하는 영역이라 유연하고 실용적으로 보여 좀 더 호감이 갔다.

"한양대는 고시반도 있고, 학교에서 지원도 많이 해준다더라. 그러니 거기 가는 것이 여러모로 좋지 않겠느냐."

집안의 가장 역할을 하는 형님이 권했다. 다행히 입학시험 결과가 좋아서 장학금을 받고 한양대 행정학과에 입학했다. 대학에 입학하기까지는 급격한 가정환경 변화로 인해 남다른 어려움을 겪었다. 대구의 전형적인 주택가인 삼덕동에서 태어나서 초등학교 때까지는 별 어려움 없이 자랐다. 그런데 중

중고교 시절부터 법대에 가겠다는 생각을 해오다가
대학에서 행정학을 전공하게 되었다. 그것이 관료의 길에 들어서는 시발점이 되었다.
왼쪽 위부터 시계 방향으로 초, 중, 고, 대학 시절의 모습. 원 안의 모습이 필자.

학교 2학년 때 불의의 사고로 부친께서 갑자기 돌아가셨다. 그래서 이듬해에 가족이 대구를 떠나 형님이 대학을 졸업하고 직장생활을 하고 있던 서울로 이사했다

돌아보면 이때가 내 인생의 가장 큰 시련기였던 것 같다. 갑작스런 비보에 따른 정신적인 충격이 컸고, 낯선 서울 생활에 대한 적응도 쉽지 않았다. 더구나 당시는 고교 입시제도가 있을 때였다. 이런 상황에서 중학교 3학년 1학기까지 마치고 서울로 전학을 와서 입시를 치르려니 어려움이 많았다. 지역마다 선택과목이 달랐던 탓에 대구에서 배웠던 선택과목은 전학 온 학교에서 배울 수가 없어 혼자 시험에 대비해야 했다.

결국 전기에 목표로 했던 고등학교 입시에서 실패했다. 하지만 다행히 당시 후기로서 최고의 명문 사학이던 중앙고에 진학할 수 있었다. 고교 진학 이후에는 어려운 가정환경으로 과외나 학원수강 같은 건 꿈도 꿀 수 없었고, 사춘기 시절 겪은 환경변화가 워낙 컸던 탓에 학업 성적도 기대에 못 미쳤다.

고교를 졸업하던 1976년 대학입시에서 또 실패를 맛보았다. 실력이 모자라는 걸 알면서도 사립대에 진학할 수 없는 가정형편 때문에 국립대에 도전했던 것인데, 보기 좋게 낙방했다. 이후 재수 끝에 다시 도전했으나 또다시 실패하고 당시 후기였던 한양대 행정학과에 진학했다.

1977년 대학에 입학했지만 당초 원하던 학교가 아니어서 별다른 정을 못 붙이고 마음 속으로 방황을 했다. 어떤 사람들은 입학하자마자 고시 준비를

한다며 두꺼운 법전을 끼고 다니기도 했는데 나는 고시에 별 관심이 없었다. 그래도 1,2학년 때 학업성적이 좋았기 때문에 가능하면 계속 공부를 해서 교수가 되고 싶은 생각이 있었다. 그래서 2학년 2학기 때 지도교수님과 장래 진로문제에 대해 상의했더니 행정고시를 권하셨다. 집안 형편이 좋지 않은 점을 고려해서 말씀하신 것이다. 집에서 뒷바라지를 해 줄 수 없는 상황임을 누구보다 잘 아는 나는 일단 교수님의 의견을 따르기로 했다.

사실상 고시공부는 3학년 때 시작했다. 출발이 늦었는데도 그다지 열심히 하지는 않았다. 당시 1차 시험은 민법, 국사, 재정학, 영어 등이어서 쉽게 붙을 줄 알았다. 그런데 그게 아니었다. 보기 좋게 낙방하고 나니 정신이 퍼뜩 들었다. 안 되겠다 싶어 그때부터 열심히 공부해 4학년 때 1차 시험에 합격했다. 그런데 2차 시험은 준비가 부족했다. 1차 시험에 합격하면 그해뿐만 아니라 그 다음해에도 2차 시험을 볼 수 있는 기회가 주어지기 때문에 첫해는 경험삼아 치러보고, 이듬해의 시험에 본격적으로 대비했다.

2차 시험에 응시하기 위해서는 대학원 진학을 해야 하나 고민하고 있는데, 대학 4학년이던 1980년에 받은 징병검사에서 시력 미달로 징집면제 판정을 받았다. 군대 문제가 정리되고 나니 장래의 진로에 대한 불확실성이 어느 정도 걷히고 더욱 공부에 매진할 수 있었다. 그러는 사이에 대학을 졸업하고 나니 고시에 임하는 각오도 달라졌다.

나름 최선을 다해 2차 시험을 준비했다. 하지만 결과는 낙방이었다. 행정학, 헌법, 경제학 등 필수과목들은 모두 좋은 점수를 받았지만 선택과목인 조사방법론이 과락을 받은 것이다. 한 과목 때문에 낙방하고 나니 아쉬움이 매우 컸다. 조금만 더 했더라면 결과가 달라졌을 거라는 후회와 자책이 밀려들었다.

나는 보통사람들보다 책 읽는 속도가 느리다. 정독을 하는 스타일이라 다른 사람들이 한 권을 읽을 동안에 3분의 1정도 밖에 못 본다. 고시생들이 보통 교재 하나를 5번, 10번 봤다고 얘기하는데 나는 솔직히 3번 이상 본 책이 없다. 그래서 답답할 때가 많다. 시간이 부족할 때는 쭉쭉 읽고 넘어가야 하는데 그게 잘 안 된다. 조사방법론이 과락을 받은 것도 이 때문이었다. 겨우 한 번 읽고 시험장에 들어갔으니 어찌 보면 당연한 결과였다.

다시 1차부터 시작해야 했다. 그런 만큼 공부법과 분위기를 바꿀 필요가 있었다. 혼자서 하는 공부에 한계를 느껴 대학원에 진학하기로 했다. 1982년에 서울대 행정대학원에 입학했다. 그래서 고시 공부도 주로 서울대 도서관에서 했다. 대학원 수업이 끝나면 도서관에서 밤늦도록 공부했다. 무엇보다 조사방법론을 제대로 준비할 수 있던 것이 큰 도움이 되었다. 서울대 행정대학원 교수들은 대부분 행정고시 출제위원을 지낸 경험이 있기 때문에 그런 분들로부터 직접 수업을 들으니 이해가 훨씬 빨라 시험 준비가 수월했다.

결국 그해에 1,2차 시험을 모두 합격했다. 발목을 잡았던 조사방법론은 매우 높은 점수인 73점을 받았던 것으로 기억한다. 늦게 시작한 고시공부를 4년 만에 끝내고나니 후련했다. 고등학교와 대학교 입시에 거듭 실패하면서 잃었던 자신감을 어느 정도 회복한 것 같아서 기뻤다.

상공부로의 전입

1983년 3월 경기도 과천에 있는 중앙공무원교육원에서의 연수를 시작으로 경기도에서 지방수습을 마치고 난후, 법제처에서 공직생활의 첫걸음을 내디뎠다. 사실 처음에 가고 싶었던 부처는 상공부(현 산업통상자원부)였다. 경제기획원(현 기획재정부)은 국가 경제정책을 기획 · 총괄하는 곳이라 플래닝과 경제가 중심이었고, 당시 재무부는 국가 재정과 금융을 관장했다. 이에 비해 상공부는 국가의 상공정책을 수립하고 총괄하는 곳이라 경제학과 연관이 있지만 그렇다고 꼭 경제지식으로 움직이는 곳이 아니었다. 행정학 전공자로서는 경제이론보다는 실물경제를 관장하고 있는 상공부가 매력적으로 느껴졌다.

당시 상공부에는 4명만 갈 수 있는 상황이었다. 상공부는 워낙 인기가 있는 부처였기 때문에 나는 시험성적이 나쁜 편이 아니었는데도 부서배치 과정에서 희망하던 상공부에 갈 수 없었다. 그래서 차선책으로 택한 곳이 법제처였다. 법제처는 국가의 법적체계 확립을 총괄하는 부처로, 국무회의에 상정될 법률안의 심사 및 해석 등을 관장했다. 공직생활을 시작하는 상황에서 국가 법률의 근간을 이해할 수 있는 경험을 해보면 좋겠다고 생각했다. 무엇보다 국무총리 산하의 중앙행정기관이라 지방 근무가 없다는 것도 장점이었다.

법제처 사무관으로 4년 넘게 일했다. 기회가 되면 부처를 옮겨 새로운 일을 해보고 싶었지만 쉽지 않았다. 부처간 인사교류제도가 있지만 상공부로 가는 건 사실상 불가능했다. 가려는 사람은 많은데 나오려는 사람은 적었기 때문이다.

그러던 차에 새로운 방법을 알게 되었다. 상공부와 특허청 담당 법제관실에서 일하고 있을 때, 상공부에서 법령 심사를 받으러 왔던 어떤 사무관이 조언을 해주었다. 나이 지긋한 그는 곧바로 상공부로 가는 것은 어려우니 우선 특허청으로 부처를 옮기라고 귀띔했다. 당시 특허청이 대폭 인력을 충원하고 있어서 상공부 출신의 나이든 사무관들 중에 부처교류 신청을 하는 사람들이 많다는 것이다. 그 당시에는 사무관 이상 직급으로 5년 이상 특허청에서 근무하는 사람에게는 변리사 자격증을 주는 제도가 있었기 때문이다.

그의 조언은 큰 도움이 되었다. 부처교류를 신청해 1987년 5월 특허청으로 자리를 옮겼다. 그리고 2개월 후에는 정부의 해외훈련 프로그램에 따라 미국의 위스콘신대-매디슨(University of Wisconsin-Madison)으로 유학을 다녀오게 되었다. 법제처 사무관 시절에 획득했던 국비 유학의 기회를 활용한 것이다. 2년 가까운 유학과정 속에 공공정책 및 행정학 석사학위를 취득하여

전통 혼례 방식으로 1983년 결혼했고, 국비 유학의 기회를 얻어
1987년 미국 위스콘신대-매디슨으로 2년간 유학을 다녀왔다.

1989년 5월 귀국했다.

귀국해서는 지적재산권 보호 관련 업무를 담당했다. 당시에는 미국과의 통상마찰로 미국이 '슈퍼 301조'를 발동하는 것이 빅 이슈일 때였다. 미국은 한국내 위조상표 등 지적재산권 침해사례를 문제삼아 통상압박을 가해왔기 때문에 어떻게 이 문제를 해결하느냐가 중요한 과제였다.

특허청 근무는 길지 않았다. 1990년 1월 고대하던 상공부로 부처교류가 이루어졌다. 개인적으로는 공직 입문 7년차에 원하던 부처로 입성한 셈이라 기대와 설렘이 많았다. 1990년대는 우리 사회가 전반적으로 전환기를 맞이한 시절이었다. 따라서 그 무렵의 상공부도 위상과 역할 면에서 예전과 많이 달라져 있었다. 상공부의 파워가 가장 셀 때는 수출 드라이브 정책을 추진할 때였다. 상공부는 무역진흥을 위한 종합시책을 수립, 시행하면서 '무역입국'을 이끄는 주무부처 역할을 했다.

그런데 1980년대 중반, 무역수지가 적자에서 흑자로 돌아서면서 무역상황이 급변했다. 이른바 3저(저달러, 저금리, 저유가) 효과로 수출이 급증해 1986~1988년까지 3년 동안 무역흑자를 기록하자 미국이 슈퍼 301조를 앞세워 상당한 통상압력을 가해왔다. 따라서 우리나라의 무역통상 정책은 이 시기부터 수세적인 국면으로 전환되기 시작했다. 일례로 수출 드라이브의 상징처럼 1960년대부터 대통령 주재로 매월 열리던 무역투자진흥회의가 이때부터 10년 넘게 열리지 않았다.

이 시기에 일어난 커다란 산업정책의 변화가 또 있었다. 정부 주도의 산업정책으로 새로운 산업을 육성해오던 정부가 이전의 개별 산업육성정책을 폐지하고 1986년 7월부터 공업발전법(현재 산업발전법)을 제정, 시행한 것이다. 즉 자동차공업육성법, 조선산업육성법, 항공산업육성법 등 핵심 7개 부문의 개별 산업육성정책을 포기하고 모든 산업을 입지 및 기술 등 기능별로 지원하는 것으로 전환되었다. 쉽게 말해 업종별 지원에서 기능별 지원으로 180도 바뀐 것이다.

공업발전법 시행은 우리나라 산업정책의 큰 변화를 몰고 온 분수령이었다. 개별 산업육성법 체계에서는 특정산업을 육성하기 위한 정부의 역할이 컸다. 신규 기업의 진입 장벽을 높이고, 기존 기업에 대한 재원 및 정책 지원을 정부가 독점적으로 부여하는 식이었다. 또 외국 기업과 경쟁할 때에는 고관세와 비관세 장벽 등을 무기 삼아 정부가 해당 국내 산업을 보호할 수 있었다. 그런데 이 방식은 공정한 경쟁을 가로막을 뿐만 아니라 정부의 보호아래 기업을 안주하게 만들었다. 특정기업 보호에 따른 민관유착의 가능성도 컸다. 따라서 공업발전법의 시행은 정부의 영향력을 줄이고 산업별로 공정한 경쟁을 보장해 궁극적으로 국가 산업의 글로벌 경쟁력을 지향해 나가는 일대 전환점이었다.

이때는 사회 패러다임에도 큰 변화가 일어났다. 정치 경제적으로 이전 시기에 경험해보지 못한 것들이 한꺼번에 분출되고 드러나면서 국민의식과 가치관에도 일대 변화가 생겼다. 1987년 민주화운동 이후 각계각층의 요구 수준이 높아졌는데, 이는 당시의 무역흑자 등 경제호황과 맞물려 소득 향상 및 부동산 가격 급등으로 인한 전반적인 소비 수준 향상으로 이어졌다. 이처럼 국민의식이 소비 중심으로 전환됨에 따라 산업정책도 수출 위주에서 내수 진작으로 방향 전환이 요구되고 있었다.

이런 전환기 속에 내가 상공부로 와서 처음 맡은 일은 아프리카 · 중동 · 대양주 지역의 통상 관련 업무였다. 그때 한 · 호주 통상장관 회담과 APEC(아시아태평양경제협력체) 각료회의 등을 준비하면서 대외업무와 관련된 업무 경험을 쌓게 되었다. 특히 당시는 1989년 11월 APEC의 출범으로 다자간 무역협상의 중요성이 부각되던 때였다. 따라서 역내 국가들 간의 교류 확대와 협력증진 방안이 본격적으로 논의되기 시작했다. 한국은 1991년에 제3차 APEC 회의를 주최했다. 전체 총괄은 외교부에서 맡고 상공부는 통상장관 회의를 준비했는데, 한국은 중국, 대만, 홍콩을 회원국으로 동시에 가입시키는데 산파 역할을 했다. 당시는 사회주의권 붕괴에 따른 냉전이 끝난 지 얼마 되지 않는 시점이었기 때문에 중국만 단독으로 APEC에 가입하는 것이 쉽지 않았다. 그래서 대안으로 제시된 것이 대만과 홍콩을 함께 가입하도록 하는 것이었다.

당시 나는 APEC 고위관리회의(SOM)를 준비하는 일을 맡았다. 회원국 간의 무역투자 협력증진 방안에 대한 의제를 정리하고 성명서를 채택, 발표하는 과정을 지원하는 역할을 했다. 주무 사무관이 아니고 전입해 온 지 얼마 안 되었던 탓에 미숙한 점도 많았다. 하지만 개인적으로 대외통상 업무 경험을 쌓고 APEC에서 한국의 위상을 높이는데 일조하는 기회를 가졌다는데 보람을 느낀다.

사행심과 한탕주의의 불씨를 끄다

1980년대 후반에서 1990년대 초반의 한국 사회는 여러 면에서 거품이 형성된 시기이기도 했다. 외부로부터 '아시아 네 마리 용 중의 하나'라는 찬사를 받을 정도로 경제가 호황을 누렸고, 민주화와 경제성장이라는 두 마리 토끼를 다 잡은 국민으로서 자부심을 느꼈다. 이런 사회 경제적인 성취는 전에 없던 부작용을 양산하기도 했다. 경제호황으로 부동산 가격이 급등하면서 투기 등 사행심이 조장되고, 물질만능주의를 부추기는 과소비 풍조가 만연했다. 열심히 일하면서 돈을 벌기보다 일확천금 요소가 팽배해진 것이다. 불법적인 방문판매(일명 피라미드식 판매)가 성행한 것도 그 중의 하나였다.

내가 유통산업과로 온 것은 방문판매법의 시행을 앞둔 1992년 초였다. 전임 사무관이 법을 만들어놓고 떠난 상태에서 시행령과 시행규칙을 만드는 일을 넘겨받은 것이다. 당시엔 거의 매일 언론에 피라미드식 판매의 피해 사례가 오르내리면서 심각한 사회문제로 대두돼 시급한 법 시행이 요구되었다.

일반적으로 다단계란 3단계 이상의 판매원 조직과 2단계 이상의 수당지급 방식을 거치는 판매방식을 의미한다. 이는 일반적인 유통경로인 도소매 과정을 거치지 않기 때문에 유통비용을 절감하고 이를 통해 확보한 이익을 소비자에게 환원시킨다는 의미를 갖고 있다. 하지만 실제로 다단계는 매우 다양한 유형으로 운영되어 사행성 조장이라는 우려를 불러일으키고 공정거래를 위협하는 판매방식으로 인식되기도 한다.

다단계 방식이 처음 도입되던 당시의 우리나라도 그랬다. 1990년대 초반, 다단계식 판매는 수도권뿐만 아니라 전국으로 빠르게 퍼지고 있었다. 다단계 판매업자만 해도 중소 규모까지 포함해 200여 곳이 넘었고, 전체 종사자 수는 100만 명에 달했다. 당시 다단계는 상당수가 불법 피라미드 방식으로 운영돼 많은 문제를 야기했다.

특히 피라미드 방식이라 신규 판매원 유치가 중요했기 때문에 다양한 불법적인 방식이 동원되었다. 사회적 관계를 이용해 강제로 자신의 하위판매원으로 등록시키거나 교육 또는 합숙을 강요했다. 부업 알선 등의 성격으로 판매원 가입을 유도하는 사례도 많았다. 실태를 살펴보려고 현장을 둘러본 적이 있는데 깜짝 놀라지 않을 수 없었다. 강남 중심가의 어느 빌딩 안으로 들어가니 수백 명의 젊은이들이 빼곡하게 앉아서 교육을 받고 있었다. 초기 투자금이 거의 없기 때문에 누구든 쉽게 판매원이 될 수 있고, 단계별로 하위 판매원을 많이 거느리면 일확천금도 벌 수 있다는 심리가 확산되면서 판매원이 되려는 이들이 급속히 늘고 있던 것이다. 직장인과 주부는 물론 대학생들도 꽤 많아 문제가 심각했다.

이런 피라미드 방식은 기존의 거래관행을 파괴시켰다. 구매자들이 상품의 필요성보다 영업활동에 참가해 경제적 이익을 얻으려는 목적이 크기 때문에 무리한 영업을 하게 되면서 많은 문제를 일으켰다. 그리고 피라미드 상품들은 단계가 커질수록 가격이 높아지는 구조여서 결국 상품을 구입한 소비자의 피해가 클 수밖에 없었다. 또 이런 상품들은 대부분 연고자 중심으로 판매가 되어 이웃과 친척 등 주변인들이 피해를 입어 이로 인한 가정불화 등 부수적인 문제를 불러일으켰다.

당시 방문판매업체들이 난립해 있는 탓에 시행령과 시행규칙을 만드는 일은 상당히 까다로웠다. 업체마다 판매조직 운영과 이익분배 등 세부 규정들이 다르고 실제 운영에서 불법적 요소들이 많았다. 그래서 그것들을 제대로 파악하고 효율적으로 규제할 수 있는 시행법령을 만드느라 적잖은 고생을 했다.

시행령을 만들 때는 미국의 통상압력까지 고려해야 했다. 당시 미국 정부는 자국의 다단계판매 기업이 피해를 입지 않도록 해달라는 요청을 다양한 채널을 통해 해왔다. A사는 직접 거물급 로비스트를 동원해 자신들은 건전한 회사이므로 한국에서의 영업이 보장될 수 있도록 해달라는 로비활동을 벌이기도 했다.

현장추적

대학가 파고드는 '다단계 판매'

일확천금 유혹에 '사기 덫'

친구·선후배 통해 접근-3일 합숙-세뇌교육

신종 피라미드 판매…'인간사슬' 묶여 발 못빼

당시 다단계 판매의 심각성을 알리는 기사들이 자주 등장했다. 직장인과 주부는 물론 대학생들까지 다단계에 가입해 피해가 심각했다.

일확천금 유혹에 '사기 덫'(1993년 2월 25일 한겨레신문기사)

방문판매 등에 관한 법률(방판법)은 예정대로 1992년 7월 시행되었다. 핵심은 다단계 판매에서 가장 문제가 되고 있던 상위 판매원의 후원수당을 몇 단계 하위 판매원 활동까지 인정할 것인가 였는데, 2단계까지는 허용하기로 했다. 이유는 상위 판매원 자신의 노력에 대한 대가로 받는 후원수당은 인정할 수 있지만 단계가 많아지면 자신의 노력과 무관하게 후원수당을 받게 되는데 이를 인정하기 어렵다고 본 것이다. 그래서 3단계 이상에 걸쳐 후원수당을 지급하는 다단계 방식을 취하던 업체들은 사업을 정리하거나 판매방식을 바꿔야 했다. 이를 두고 언론에서는 미국의 통상압력에 굴복해 결국 A사만 살게 되었다면서 비판을 쏟아내기도 했다. 당시는 미국의 통상압력이 상당히 민감한 사안이었기 때문에 언론에서도 여론을 고려해 방문판매법 시행에 대해 매우 예민하게 반응했다.

그런데 당시에 실제로 사회적으로 큰 물의를 빚은 곳은 대부분 일본계 업체들이었다. A사는 저가의 생활용품 판매 위주이고 나름대로 합리적인 후원수당체계를 갖추고 있어서 피해 사례가 거의 없었던 반면, 일본계 업체들은 고가의 자석요를 다단계 방식으로 판매하기 때문에 피해 금액이 눈덩이처럼 커지고 있었다. 대표적인 업체는 S산업이었다. 이곳의 상위 판매원들은 피라미드 방식으로 다수의 하위 판매원들에게 자석요 하나를 수백만 원에 팔아넘겨 부당 이익을 얻었다. 또 이들로 하여금 다른 사람들을 끌어들이게 하여 중간에서 후원수당이라는 명목으로 판매이익의 일정액까지 가로챘다. 이처럼 다단계 종사자들 상당수는 극소수의 상위 판매원들의 배만 불려주는데 이용 당하는 상황이었다. 일확천금을 노리고 뛰어들었다가 빚더미에 오르거나 파산하는 사례들이 언론에 심심찮게 오르내렸다.

방판법이 시행되고 단속에 들어가자 피라미드 업체들의 불법 판매행위가 무수히 적발되었다. 소비자들의 피해사례도 넘쳐났다. 전국에서 불법 피라미드 판매업체 대표들이 다수 구속되고 단속이 확대되었다. 시행 초기에는 불법판매 규정에 대한 해석과 집행을 두고 법리 공방도 많았다. 사안별로 규정이 너무 복잡하고 다양해서 이해하는 것이 쉽지 않았던 것이다. 그래서 내가 검찰 측의 증인으로 출석해 시행 규정들에 대해 보충설명하기도 했다.

아무튼 방판법이 시행되면서 불법 피라미드 판매는 잦아들기 시작했다. 바람을 타고 무섭게 번져나가던 불길이 잡히듯 불법 판매행위가 급격히 줄어들면서 소비자 피해도 수그러들었다. 사회가 발전하려면 건전한 방향으로 투자가 이루어지고, 그것이 생산이나 기술개발로 연결되어야 한다. 그런데 피라미드 판매는 이런 국부창출의 선순환적인 흐름에 역행했다. 비생산적인 방향으로 투자하게 만들고, 이로 인해 사행심과 한탕주의를 부추겼다. 이는 건전한 근로의식을 저해하고 사회 전반을 병들게 하는 독버섯과 같았다.

1990년대 초반은 한국이 사회 경제적으로 한 단계 나아가는 길목에 서 있던 시절이었다. 자칫 사회가 불건전한 방향으로 휩쓸려 혼란에 빠질 수도 있었다. 그런 시기에 사행심과 한탕주의의 불씨를 끄는 소방수 역할을 했다는 점에 자부심을 느낀다.

지금 같으면 해냈겠나?

유통산업과에서의 2년 가까운 시간이 정신없이 흘렀다. 방문판매법 시행이 본격적인 궤도에 오를 즈음, 새로운 부서로 자리를 옮겼다. 1994년 기획예산실에서 기획 및 국회업무를 담당하는 주무 사무관을 맡았다. 그리고 그 다음해인 1995년 5월 서기관으로 승진했다. 원래 서기관은 4급 공무원으로 과장 직위가 부여되었으나, 당시에는 인사적체가 워낙 심해서 무보직 서기관제가 시행되고 있었다. 과장 직위를 받지 못하는 무보직 서기관으로 자원협력과와 원자력발전과 2곳을 거치면서 에너지 관련 분야의 전문지식과 경험을 쌓을 수 있었다.

그리고 1996년 2월 처음 과장 보직을 받았다. 통상산업부(그해 상공자원부에서 명칭 변경) 법무담당관 자리였다. 과장 보직을 받고나니 감회가 새로웠다. 중앙행정기관에 몸담고 있는 관료로서 국가와 국민을 위해 소신과 철학을 갖고 맡은 업무에 최선을 다하겠다는 소명의식이 절로 생겼다. 그리고 처음 관리자가 되니 후배들에게 모범이 되는 선배가 되어야겠다는 생각도 들었다.

법무담당관으로 맡은 주된 업무는 정기적으로 개최되는 경제장관회의와 국무회의에 상정할 안건을 검토하고 장 · 차관에게 보고하는 것이었다. 대내외 경제정책에 관한 주요 안건부터 내부규정 변경에 대한 심사 등의 내용을 보고하고 지침을 받아 필요할 때는 관계부처에 연락해 협의하는 창구 역할을 수행했다. 경제장관회의에 배석해 국가의 주요한 경제정책이 토의되는 과정을 지켜보면서 다방면에서 많은 견문과 지식을 쌓을 수 있었다. 1997년 9월 법무담당관 자리에서 물러났다. 그리고 3개월 뒤에 캐나다 경제연구소로 교육파견을 떠나 2년 뒤인 1999년 12월 귀국했다.

우스갯소리로 "무식하면 용감하다"는 말이 있다. 관직에 있다 보면 자신이 옳다고 생각하는 일은 소신을 굽히지 않고 관철시켜야 한다고 느낄 때가 있다. 더구나 그것이 국익과 직결되는 일이라면 자리라도 걸어야 한다. 국가로부터 녹봉을 받는 관리라면 의당 그래야 한다는 생각은 예나 지금이나 변함이 없다. 그런데 한국산업기술재단(현재 한국산업기술진흥원)을 설립하는 과정에서 겪은 고충을 생각하면 저절로 고개가 저어진다.

2000년 5월 산업기술개발과장으로 와서 했던 업무 중에 대표적인 것은 효율적인 국가 연구개발(R&D) 지원체계 수립을 위한 거버넌스를 구축하는 일이었다. 당시 국가 R&D 과제를 기획, 평가하는 역할은 통상자원부 산하기관인 산업기술평가원(당시에 ITEP로 표기했고, 지금은 KEIT로 표기)에서 총괄했다. 그런데 공공기관 한 곳이 다양한 국가 R&D 과제를 전담하다 보니 경쟁력이 떨어지고 비효율적으로 운영되는 등 문제가 많았다. 평가의 전문성이 부족해 R&D 과제에 대한 심사를 민간기관 및 교수진들이 대행했는데, 이에 대한 관리도 부실했다. 산업기술의 경쟁력을 강화하려면 창조적이고 실용적인 R&D 지원이 절대적으로 중요한데 그런 역할을 제대로 수행하지 못하고 있었다.

그래서 기능을 분리해 운영의 효율성을 높인다는 취지로 한국산업기술재단(현재 한국산업기술진흥원, KIAT)을 설립하고, 건물을 매입해서 산업기술 관련 기관들을 한 곳에 집적시키는 인프라를 구축(현재 테헤란로에 한국기술센터가 있다)하는 일을 추진했다. 기존의 순수 R&D 영역은 산업기술평가원에서 그대로 담당하고, 산업기술 혁신을 위한 사업의 효율적인 지원과 기술혁신에 관련한 정책개발 지원은 산업기술재단에서 맡도록 하는 계획이었다. 산업기술재단 설립과 건물 매입 재원은 산업기술평가원에서 징수하는 기술료를 사용하기로 내부 결재까지 마치고 사업을 추진했다. 기술료란 정부 지원으로 기술개발이 성공한 경우, 그 결과물에 대한 권리획득의 대가로 국가 또는 전문기관에 지급하는 일정 금액을 말한다.

그런데 이에 대해 산업기술평가원의 노조가 격렬히 반발했다. 자신들의 고유 사업을 빼앗길 수 있다는 위기감을 느낀 것이다. 산업기술평가원 노조는 기술료를 사용하는 것은 문제가 있다면서 감사원에 특별감사를 요청했다. 결국 이 일로 나는 특별감사를 받았다.

옳다고 생각하는 일은 소신을 굽히지 않고 관철시키고자 했다.
그런데 한국산업기술재단을 설립하는 과정에서 겪은 고충을 생각하면 저절로 고개가 저어진다. 사진은 역삼동에 있는 한국기술센터 전경.

일이 이렇게 번지자 마음이 착잡했다. 당시 상사이던 김종갑 산업기술국장(이후 특허청장, 산업자원부 1차관, 하이닉스반도체 사장 등을 역임하고 현재 한국지멘스회장으로 일하고 계신다)과 나는 기술료 사용의 타당성을 적극 설명하면서 이해를 시키고자 노력했다. 그러면서 김 국장은 책임질 일이 있으면 본인이 지겠다고 했다.

"나는 중앙부처의 국장까지 해봤으니 그만두더라도 크게 아쉬울 것이 없네. 그런데 자네는 아직 가야 할 길이 많이 남아 있지 않은가."

김 국장이 이렇게 말씀하셨다. 그렇다고 담당과장인 내가 책임을 회피할 수는 없었다.

"결재 서류에 국장 사인은 없을 수 있지만 과장 사인이 없는 경우는 없습니다. 담당인 제가 책임지겠습니다."

나는 이렇게 대답하면서 책임질 일이 있으면 내가 지겠다고 했다. 돌이켜 생각해보면 당시 김종갑 국장은 매우 멋있는 상사였고, 지금도 무한한 존경의 마음을 갖고 있다.

갈등은 이것이 전부가 아니었다. 초대 사무총장을 임명하는 과정에서도 노조 측과 마찰을 빚었다. 새로 출범하는 산업기술재단이 제대로 자리를 잡고 역할을 수행하려면 리더십과 관리능력을 갖춘 인사가 필요했다. 그래서 산업자원부 차관보를 지낸 조환익 선배(이후 산업자원부 차관, 한국무역보험공사 사장, KOTRA 사장을 거쳐 한국전력공사 사장을 지내셨다)가 유력 후보로 거론되었다. 그런데 이를 두고 또 노조에서 심하게 반대를 했다. 역량 평가와는 별개로 그 분과 내가 고교 선후배 사이라는 점을 문제 삼았다. 윗분들이 몇 명의 후보자를 놓고 숙고해서 결정한 사항인데도 불구하고 마치 내가 선배를 총장 자리에 앉히기 위해 기관을 설립하려고 했다는 등의 억지 주장까지 있었다.

결국 이 일은 잘 매듭지어졌다. 감사원으로부터 기술료 사용이 문제가 없다는 공식적인 의견을 통보받지는 못했지만 산업기술재단 설립과 인프라 구축을 양해하는 선에서 마무리되었다. 그런데도 산업기술평가원 노조는 재단 설립에 대한 반대 입장을 굽히지 않아 갈등이 봉합되는데 몇 년이 걸렸다. 이 일로 나와 같이 일했던 직원들과 후임 과장 등 여러 사람들이 많은 고생을 했다.

진통은 심했지만 지금 돌아봐도 그때 판단은 옳았다고 생각한다. 만약 기능을 분리하지 않은 채 그대로 두었다면 어떻게 되었을까. 국가 R&D 지원체계에 상당한 비효율이 발생하고 산업기술 혁신도 그만큼 타격을 입었을 것이다. 해당 분야의 업무를 기관별로 구분해 체계적으로 집행하는 관리체계를 구축했다는 점에서 보람을 느낀다.

하지만 심한 홍역을 치른 만큼 일을 추진하는 과정도 돌아보는 계기가 되었다. 자신의 의도가 아무리 순수하다 해도 상대방이 그것을 어떻게 받아들이느냐는 별개이다. 기술료 사용이나 사무총장 인선 등은 좋은 의도에도 불구하고 반발이 예상되는 사유가 있다면 더욱 신중하게 접근하면 좋았을 것이다. 그때는 잘 몰라서 용감했다. 그래도 결과가 좋았으니 다행이다. 그런 상황을 다시 접한다면 그때처럼 또 해낼 수 있을까?

다른 폐광지역도 살리는 길

"공무원 생활하면서 그런 추진력과 소신을 갖춘 사람은 처음 봤습니다."

산업기술재단 설립 추진 당시를 떠올리면서 김종갑 국장이 훗날 한 언론과의 인터뷰에서 나에 대해 했던 말이다. 아닌게 아니라 나는 그 일 이후로 산업부 내에서 꽤나 뚝심 있는 사람으로 알려졌다. 감사원 특별감사까지 받으면서도 소신을 굽히지 않았으니 그럴 법했다.

그런데 그 일로 인해 나는 원치 않는 부서로 발령을 받게 되었다. 산업기술재단 설립을 못마땅하게 생각하던 사람들이 나를 눈엣가시처럼 여겼다. 이런 분위기를 감지한 당시 이희범 차관(이후 산업자원부 장관, 한국무역협회장, 경총회장 등을 거쳐서 2018년 평창올림픽 조직위원장으로 활동하고 계신다)이 부르더니 잠시 다른 부서로 가 있으라고 했다. 그래서 가게 된 곳이 자원정책실 석탄산업과장 자리였다.

석탄산업과장 자리는 한직이나 다름없었다. 2002년 3월 석탄산업과로 왔는데 처음엔 별로 일할 의욕이 나지 않았다. 열심히 일한 대가로 칭찬은 못 받고 마치 좌천이라도 된 듯한 기분이었다. 그렇다고 새삼 후회하지는 않았다. 어디서 일하든 공복(公僕)으로서 국가와 사회를 위해 뜻을 굽히지 않고 소신 있게 일하겠다는 생각에는 변함이 없었다.

석탄산업과에 가서 보니 그곳도 만만찮은 과제들이 많았다. 당시는 폐광 지역에 대한 지원이 주요 이슈였다. 정부 지원을 얼마나 효율적이고 공정하게 집행해 폐광 지역의 경제활성화에 기여하도록 하느냐였다.

우리나라의 에너지 구조는 1980년대 중반 이후 1988년 서울올림픽을 계기로 석탄의 비중이 급격히 줄어들었다. 가정용 연탄의 수요를 석유가 대체하면서 폐광 지역의 경제 위축과 산업의 사양화 현상이 나타나기 시작했다. 이에 정부는 1989년 석탄산업 합리화 조치를 시행했다. 이는 석탄산업의 채산성 악화에 따른 폐광으로 인한 사회적인 문제 발생을 방지하기 위해 경제성이 떨어지는 탄광을 정리하고 경제성이 높은 탄광을 집중 육성하기 위한 조치였다.

이로 인해 석탄생산의 중심지인 강원도의 태백, 삼척, 정선, 영월 등 4개 시군이 받게 된 타격은 매우 컸다. 인구가 급격히 줄고 실업자가 늘어나면서 지역 경제가 파탄이 날 수 있는 상황에 직면한 것이다. 급기야 1994년에는 사북 등 지역주민들이 정부의 대책 마련을 요구하면서 격렬하게 시위에 나서는 등 소요사태로 확산되었다.

이에 다급해진 정부는 1995년 12월 폐광지역개발지원에 관한 특별법을 제정하고 폐광지역의 경제를 진흥하기 위한 지원에 나섰다. 특별법의 골자는 이러했다. 폐광지역은 산림법, 환경영향평가법 등의 적용을 완화하고, 폐광지역 개발이나 대체산업을 추진할 때에는 재정 및 금융을 지원하며, 내국인의 출입이 가능한 카지노 한 곳을 허가한다는 것 등이었다.

이 법에 따라 폐광지역의 경제를 회생시킬 폐광지역진흥지구 지정이 시작되었다. 1996년에 강원도의 태백, 삼척, 정선, 영월과 경북의 문경이 지정되었고, 2000년에 충남 보령이, 2001년에는 전남 화순이 추가로 지정되었다. 그리고 1998년 6월 강원랜드가 설립되어 2000년 8월 스몰 카지노를 시작으로 2003년 4월 메인 카지노와 호텔이 개장하면서 본격적인 영업에 들어갔다.

이런 일련의 폐광지역 개발 지원에 관한 과정을 지켜보면서 당시 내가 가졌던 관심은 두 가지였다. 첫째는 정부와 강원랜드가 납입하고 있는 폐광지역개발기금이 강원도 4개 시군의 경제회생을 위해 제대로 쓰이고 있는지에 대한 것이고, 두 번째는 개발기금을 어떻게 잘 활용해 강원도 이외의 다른 폐광지역을 위한 재원으로 확대 재생산하느냐였다.

강원랜드는 2001년부터 카지노에서 발생한 수익금의 10%를 폐광지역개발기금으로 납부하기 시작했다.(2006년 특별법 개정으로 개발기금은 2012년까지 20%, 2013년 재개정되어 25%로 상향 조정됨) 이 기금은 폐광지역의 관광 진흥 및 거주 여건 개선 등의 사업에 투자하도록 하기 위한 것이다.

폐광지역개발기금을 활용한 지원이 시작되자 태백, 삼척, 정선, 영월 등의 지역이 혜택을 입게 되었다. 그런데 개발기금을 효과적으로 사용할 방안이 제대로 마련되지 않은 상태여서 상당부분의 재원이 도시환경정비 및 도로 건설 등 사회간접자본과 기반시설 사업에 소요되고 있었다. 폐광기금으로 한 해에 많게는 수백억 원에서 적게는 수십억 원 규모의 지원이 매년 이루어지다보니 사업 수요가 별로 많지 않은 이들 4개 시군에서는 사회간접자본 이외에 다른 사업 수요를 만들어내기가 쉽지 않았다.

2002년 여름 무렵, 태백시에서 계획하고 있는 리조트 개발에 대한 현장을 확인하러 간 적이 있다. 태백시 관계자가 사업대상지로 안내하면서 상당한 규모의 리조트개발계획을 설명했다. 나는 리조트 사업이 성공하려면 사업규모 및 수입전망 등에 대해 좀 더 치밀한 분석과 준비가 필요하다는 점 등을 지적하면서 사업계획에 동의하기 어렵다는 의견을 피력했다. 이 사업이 바로 내가 석탄산업과장 자리를 떠난 후에 추진된 오투리조트이다. 해발 1,100미터의 고원에 골프장, 스키장, 숙박시설 등을 갖추고 2008년에 문을 연 오투리조트는 4,000억 원이 넘는 투자가 이루어졌다. 하지만 수익성이 확보되지 않아 개장 이후 계속 문제가 되다가 결국 2016년 민간기업에게 매각되었다. 오투리조트 사업은 해당 지자체에서 사업초기부터 폐광지역의 특성을 고려하여 관광레저, 지역특화 등 대체산업의 육성에 좀더 치밀하고 현실성 있는 계획을 세워서 추진했더라면 좋았을 것이라는 아쉬움이 많이 남는다.

폐광지역 개발기금을 다른 시도의 폐광지역에서도 활용할 수 있도록 하기 위해서는 많은 협의와 설득과정이 요구되었다. 개발기금은 도지사가 산업자

"강원랜드는 내국인의 출입이 가능한 유일한 카지노입니다.
그런데 이런 사업을 독점하고 있으면 다른 지역의 적이 될 수밖에 없습니다.
여기서 나온 수익금을 다른 폐광지역으로도 분배해 주어야 잡음이 없고 응원군도 생길 겁니다"
이런 논리로 설득해 결국 2003년부터 문경, 보령, 화순지역에 대한 개발기금 지원이 본격적으로 이루어졌다. 사진은 강원랜드 모습.

원부 장관과 협의하여 사용계획을 수립하도록 되어 있었다. 하지만 특별법 제정 이후 문경, 보령, 화순이 폐광지역진흥지구로 지정되었는데, 실질적인 재정 지원은 미루어지고 있었다. 강원도는 개발기금을 타 시도의 폐광지역 개발에 사용하는 것에 소극적이었다.

이런 상황에서 나는 다른 시도의 폐광지역을 지원하는 것이 결국 강원도에도 도움이 된다는 점을 강조하면서 설득했다.

"강원랜드는 내국인의 출입이 가능한 유일한 카지노입니다. 그런데 이런 사업을 독점하고 있으면 다른 지역의 적이 될 수밖에 없습니다. 왜 정선에서만 되고 다른 데는 안 되느냐는 식으로 집단적으로 항의를 하면 대응할 논리가 없습니다. 여기서 나온 수익금을 다른 지역으로도 분배해 주어야 그런 잡음이 없고 당신들에 대한 응원군도 생길 겁니다."

이런 논리로 강원도와 태백, 삼척, 정선, 영월 등을 상대로 협의와 설득을 반복했다. 결국 2003년부터 문경, 보령, 화순 지역에 대한 개발기금 지원이 본격적으로 이루어졌다. 이들 3곳은 개발기금으로 골프장 등 레저시설을 포함한 대체산업을 개발해 지역경제를 활성화하는 계기로 삼았다.

개발기금은 2001년부터 2015년까지 총 1조 1,720억원이 납부되었다. 이 중 강원도에는 8,910억원이 투자되었고, 문경에 1,388억원, 보령에 970억원, 화순에 644억원이 각각 투자되었다. 그리고 특별법의 효력이 10년간 연장(2015년→2025년)됨에 따라 지금도 각 지역들은 개발기금을 활용한 중장기

개발계획을 수립, 추진하고 있다.

강원랜드의 수익금으로 조성된 개발기금은 초창기에 미숙한 운영으로 말이 많았다. 주민의 생활향상에 도움이 되는 방향보다 도로 건설 같은 비용으로 많이 투자되어 주민들의 원성을 듣기도 했다. 그런데 지금은 대체산업, 관광진흥, 공공기반시설, 교육문화, 환경복지 등에 골고루 투입되면서 폐광지역의 경제활성화에 적잖은 기여를 하고 있다. 지역마다 차별화된 대체산업을 육성해 소득을 창출하면서 지역주민들의 삶의 질을 향상시키는 재원으로 소중하게 활용되는 모습에 보람을 느낀다. 강원도 이외의 다른 폐광 지역들에게도 고르게 혜택이 돌아가도록 함께 노력하고 뛰어 준 분들에게 감사를 드린다.

이러다간 큰일 나겠다

석탄산업과장으로 1년 3개월 근무하고 2003년 6월 생활산업국 디지털전자산업과장으로 발령을 받았다. 노무현 정부가 출범한 첫해였고 산업 측면에서는 IT와 디지털 분야의 발전이 본격화되기 시작할 때였다. IT산업 관련 분야에 대한 신정부의 관심과 지원이 집중되고 있는 상황이어서 당시 정보통신부와 산업자원부 간에 차세대 성장동력 품목의 선정과 관할권 문제를 두고 경쟁을 벌이고 있었다.

그때 나는 산자부 담당과장으로서 차세대 성장동력 10대 품목을 어떻게 선정하고 주관부처를 어디로 할 것인지를 논의하는데 참여했다. 지능형 로봇, 지능형 홈 네트워크, 디지털 TV 등 당시 핵심 분야를 서로 관할하려고 두 부처가 티격태격 논쟁을 거듭했다. 당시엔 부처이기주의처럼 보일 수도 있었다. 하지만 결과적으로 첨단산업인 IT 및 디지털 분야를 어떻게 국가발전의 전략산업으로 육성하는 것이 도움이 될지에 대해 고민을 거듭했던 과정이었다.

2003년 8월, 우여곡절 끝에 정부는 지능형 로봇, 미래형 자동차, 차세대 반도체, 디지털 TV 및 방송, 차세대 이동통신, 디스플레이, 지능형 홈 네트워크, 디지털 콘텐츠/SW솔루션, 차세대 전지, 바이오 신약 및 바이오 장기 등을 차세대 성장동력 10대 품목으로 선정했다. 이들 품목에 대한 주관부처를 결정하는 과정에서 당시 산자부와 가장 첨예하게 대립하고 있었던 정통부 간에 한 치의 양보가 없는 경쟁이 벌어졌다. 당시 나는 산자부 대표로 정통부 대표와 함께 이들 중에서 어떤 품목을 우리 부처가 관장해야 하는지에 대해 국가과학기술자문회의 위원 20여 명 앞에서 발표를 했다. 회의 결과, 산자부가 관장하게 되는 품목이 상대적으로 많아 부처 간에 균형이 맞지 않는다는 이유로 재조정하는 해프닝이 벌어지기도 했다. 그렇지만 이런 부처 간 경쟁은 결과적으로 신성장동력 분야에 많은 재원이 투입되고 프로젝트가 원할히 진행되는데 어느 정도 긍정적인 역할을 했다고 생각한다.

그리고 이듬해인 2004년부터 균형발전정책과장으로 일했다. 그때 노무현 정부가 추진한 핵심 국정과제 중의 하나는 국가의 균형발전이었다. 이 정책을 체계적으로 수행하기 위해 2003년 4월 대통령 자문기관으로 국가균형발전위원회가 출범했으며, 산자부에서는 지원단을 구성해 부처 차원의 업무지원에 나섰다.

당시 나는 2003년 12월 제정된 균형발전특별법의 시행규칙을 만드는 작업을 했다. 그리고 심혈을 기울여 제1차 국가균형발전 5개년계획(안)을 작성했다. 수도권 집중과 지방 위축에 따른 폐해가 이미 심각한 수준이었으므로, 수도권과 지방의 상생발전을 위한 21세기 국가전략의 청사진을 제시한다는 사명감으로 임했다.

2004년 6월 청와대에서 균형발전 5개년계획을 발표했다. 대통령을 비롯해 주요 부처 장차관, 각 시도지사, 균형발전위원회 위원, 지역혁신협의회 의장단 등 70여 명이 참석했다. 그때 수립된 5개년계획은 1차 시기인 2004~2008년에 자립형 지방화 실현을 위한 기반을 구축하는 것을 목표로 했다. 이를 위해 지역혁신체계 구축, 혁신 클러스터 육성, 공공기관 이전 및 미래형 혁신도시 건설 등을 추진해 지역특성화 발전의 기반을 조성한다는 것이었다. 그리고 지역별로 전략산업을 선정, 육성하기로 했는데 부산 · 경남 · 울산은 부품소재산업의 초광역 클러스터를 형성하고, 대전 · 충청권은 바이오산업 클러스터를 형성하는 식으로 이루어졌다.

1차 균형발전 5개년계획 발표를 시작으로 정부의 균형발전 정책은 발 빠르게 추진되었다. 그러자 각 지자체에서는 정부 지원을 받아 지역별로 특화산업을 육성한다는 취지로 특화센터들을 세우기 시작했다. 앞 다투어 전국에 설립된 지역특화센터는 60여 개에 달했고, 한 시 · 도에 몇 개씩 들어선 곳도 있었다. 그래서 그냥 두면 중복적이고 비효율적인 지원으로 막대한 예산이 낭비될 것 같았다. 기존에 각 시도에서 운영하고 있는 테크노파크를 중심으로 어떤 방식으로든지 기능을 통합해야 한다는 생각이 들었다.

우리나라는 지역산업 육성의 거점으로 1990년대 후반부터 테크노파크를 운영해왔다. 테크노파크는 대학, 연구소, 공공기관, 산업체 등에 분포되어 있는 인적, 물적, 기술자원을 집적화하는 산업기술단지를 말한다. 선진국에서는 1970년대부터 이와 유사한 형태의 산업기술단지를 운영했다. 미국의 실리콘밸리, 영국의 케임브리지 사이언스파크, 일본의 가나가와 사이언스 파크 등이 대표적이다.

우리나라에서도 이를 벤치마킹해 정부 주도로 테크노파크를 조성했다. 이에 따라 1997년부터 2001년까지 1차로 경기, 경북, 광주, 대구, 송도, 충남 등 6개 지역에 테크노파크가 조성되었다. 1998년에는 산업기술단지 지원에 대한 특례법이 제정되어 테크노파크 조성사업에 대한 제도적 지원이 가능해졌으며, 이후 지역별로 테크노파크가 추가 지정되면서 현재 총 18개가 자리잡고 있다.

당초 지역특화센터에 대한 정부의 방침은 한시적이었다. 3년간 재정을 지원하고, 이후에 각 특화센터별로 자생력을 갖추도록 한다는 것이었다. 그런데 특화센터들이 짧은 기간에 자생력을 갖기는 매우 어려웠다. 따라서 이후에 정부 지원금이 끊기면 부실화될 수 있어 많은 우려를 자아냈다. 이대로 내버려두면 큰 일이 날 수 있겠다는 걱정이 앞섰다.

테크노파크를 관할하던 기술국에서도 근무했던 나로서는 이런 문제점들을 해결하지 않으면 안 된다고 생각했다. 그래서 테크노파크를 중심으로 지역특화센터들을 통합하는 방안을 고민했다. 일례로 충북에는 테크노파크가 중심적인 기능을 하면서 바이오, IT, 디스플레이 분야의 관련기관들을 하나로 묶어 유기적으로 기능할 수 있도록 하는 방식이었다. 처음에 전국적으로 테크노파크를 조성할 때는 지역별로 차별화된 분야에 대한 연구개발 및 기술혁신을 지원하기 위한 목적이 컸다. 하지만 이후에는 각 지역과 연계한 특화사업을 다수 수행하고 있었다. 따라서 이 사업을 지역국에서 관할해 테크노파크와 통합해서 운영하면 산업기술단지로서 테크노파크가 허브의 역할을 강화하고, 거버넌스를 형성할 수 있다고 판단했다.

그래서 이런 방안을 갖고 논의를 시작하니 지역특화센터장들이 대부분 반대했다. 저마다 독립된 기관을 이끄는 입장인데 자신들의 기관이 테크노파크 내의 조직으로 축소되어 들어가면 자기 자리도 위태로워지니 누구도 그것을 반길 리 없었다. 그들의 입장을 모르는 바는 아니었다. 하지만 국가의 균형발전 정책과 예산의 효율적인 활용을 위해서는 뜻을 굽힐 수 없었다.

그로부터 2년여가 지난 2007년부터 테크노파크를 중심으로 전국의 특화센터들이 통합되기 시작했다. 이로써 경영의 투명성을 높이고 비용을 절감하면서 지역 특화산업을 효율적으로 육성하는 일이 가능하게 되었다. 나는 2006년에 국장으로 승진해 국방대학원 안보과정으로 연수를 떠났기 때문에 실제로 통합이 이루어지는 과정은 지켜보지 못했다. 하지만 특화센터장들을 상대로 대화를 거듭하면서 국가 차원에서 통합의 필요성을 설명하고 공감대를 이끌어내 통합의 기반을 마련했다는 점에서 자부심을 느낀다. 그런 진통이 있었기에 지금 테크노파크를 중심으로 산 · 학 · 연 · 관의 유기적인 협력 네트워크가 가동되면서 지역 산업의 육성에도 기여하고 있다고 생각한다.

다시, 소신과 뚝심으로

2011년 6월 나는 성장동력실장으로 임명되었다. 그리고 이때부터 2013년 3월까지 산업 분야의 다양한 정책 수립과 현안 해결에 기여하게 된다. 공직에 몸담은 이래 일반직 최고위직(1급)까지 올랐고, 더구나 미래 먹거리 창출을 담당하는 핵심부처를 이끌게 되니 영광스러우면서도 어깨가 무거웠다.

2007년 2월 국방대학원 수료 이후 나는 몇 군데 부서를 거쳤다. 국가균형발전위원회 총괄국장과 국무총리실 산업심의관에 이어 다시 지식경제부로 돌아와서 투자정책관, 정책기획관, 신산업정책관을 역임했다. 이때 투자유치, 대국회 업무와 예산 및 법안 처리 등 다양한 실무 경험을 두루 쌓았다. 이후 2010년 5월 당시 한나라당 정책위원회의 지식경제 수석전문위원으로 1년 넘게 근무했다. 이때에는 당 정책위 활동 및 당 · 정 간의 현안 조정 등을 담당하면서 정무감각을 익히는 경험까지 하게 되었다.

당시 성장동력실은 신산업국, 정보통신산업국, 자본재산업국 등 3개국을 관할했다. 내가 성장동력실장으로 임명된 데에는 이 분야와 관련된 근무 이력들이 영향을 미쳤을 것이다. 나는 산업기술개발과장, 디지털전자산업과장, 신산업정책관 등을 역임하면서 미래 성장동력 산업과 관련한 경험과 전문지식을 축적할 수 있었다.

성장동력실장으로 일한 2년 가까운 기간에는 많은 일들이 있었다. 일도 열심히 했고, 성과도 적지 않았다. 우선 생각나는 것은 IT와 과학기술의 산업융합을 확산시키는 기반을 마련했다는 점이다. 당시에 '융합(Convergence)'이라는 말이 유행처럼 번지면서 우리의 삶과 산업의 지형을 바꿀 용어로 부상했다. 이에 반해 우리나라의 법체계와 연구개발, 인증제도 등은 '자동차와 비행기', '휴대폰과 MP3'처럼 칸막이 방식으로 분류되어 있어 새로운 법률 제정이 필요해 2011년 10월 산업융합촉진법이 제정, 시행되었다.

이와 관련해 성장동력실에서는 2012년 8월 '제1차 산업융합촉진 기본계획'을 수립해 IT와 과학기술의 산업융합을 확산시키는 기반을 마련했다. 이어 구체적인 정책을 담은 'IT융합 확산전략 2013~2017'을 발표했다. 또한 국가 차원의 IT융합 인프라를 강화하기 위한 범정부 중장기 R&D 프로젝트인 '기가(GIGA) 코리아'전략도 이때 마련되었다. 이런 정책들은 모두 산업 간의 융합이 기존의 주력산업을 고도화하는 차원을 넘어 미래의 개인 및 사회에 몰고 올 변화까지 대비하는 것을 목표로 추진되었다.

신성장동력 발굴 및 육성정책을 추진하면서 미래 먹거리 창출에도 힘을 쏟았다. 신성장동력 산업은 젊은이들에게 좋은 일자리를 제공할 수 있는 유망한 영역이다. 따라서 이들 산업을 생태계 차원에서 분석해 소재 → 부품 → 장비 → 완제품 → 서비스 등으로 이어지는 가치사슬 전반의 경쟁력을 끌어올릴 수 있는 정책을 수립하기 위해서 노력했다. 이의 일환으로 첨단융합, 녹색기술, 고부가서비스 산업과 관련한 10대 전략 프로젝트를 수립, 추진하면서 조기에 성과를 창출하도록 노력했다. 지금 돌아볼 때, 이때 수립했던 과제들은 4차 산업혁명 시대를 대비하는 밑거름이 되고 있을 것이라고 생각한다.

부품소재특별법의 기한을 10년 더 연장한 것도 빼놓을 수 없다. 정부는 2001년 부품소재산업의 육성을 위해 부품소재특별법을 제정, 시행에 들어갔다. 특별법의 시행 효과는 매우 컸다. 10년간 정부의 지원에 힘입어 부품 및 소재산업의 경쟁력이 괄목할 만한 성장을 이루었다. 수출액은 특별법 시행 당시 620억 달러에서 2010년에 2,290억 달러로 급성장했다. 특히 한국 경제의 가장 고질적인 문제로 지적되던 대일역조 현상도 특별법 시행 이후 지속적으로 개선되었다.

이에 정부는 특별법의 기한을 2020년까지 10년 더 연장하기로 했다. 이와 관련해 성장동력실에서는 특별법의 연장을 갱신이 아닌 재탄생의 차원에서 심도 있게 접근하고자 했다. 녹색성장 및 융복합 등 산업 트렌드에 맞춰 차별화된 접근전략을 구사하고, 글로벌 공급망을 주도하며, 대기업과 부품소재 기업들이 동반성장할 수 있는 공생형 발전을 추구한다는 것이 당시 주안점을 둔 사항들이다. 아무튼 이런 관점에서 정책을 수립하고 추진해 우리나라의 부품소재 경쟁력이 글로벌 수준으로 한 단계 도약하는 기반을 다졌다는 것에 의미를 두고 싶다.

성장동력실장 시절에 가장 기억에 남는 일을 꼽으라면 무엇일까. 그건 아마 2012년 5월 소프트웨어산업진흥법 개정안이 국회 본회의를 통과한 일이 아닐까 싶다. 이는 국내 소프트웨어 전문기업들의 오랜 숙원 중의 하나를 해결한 셈이었다. 이 법안은 SI(System Integration, 기업이 필요로 하는 정보시스템을 기획부터 개발, 구축, 운영까지 통합해 제공하는 사업)를 전문으로 하는 대기업들이 공공 소프트웨어 시장에 참여하는 것을 제한하는 것이 주목적이었다. 그런데 이 개정안을 계기로 소프트웨어 산업의 시장 질서를 기존의 대기업 위주에서 중소 소프트웨어 전문기업으로 그 틀을 전면적으로 전환하는 계기가 되었다는 것에 큰 의미가 있다.

2010년은 우리나라에 이른바 '아이폰 열풍'이 불고 소프트웨어에 대한 관심이 어느 때보다 높았던 해였다. 미국의 애플사가 개발한 아이폰은 휴대전화, 카메라, GPS, 무선인터넷 기능 등을 합친 스마트폰으로 종전의 휴대전화와는 완전히 다른 차원을 보여주었다. 모바일 운영체제인 iOS가 탑재되어 누구나 쉽게 조작할 수 있으며, 애플의 애플리케이션 장터인 앱스토어에서 수십만 개의 애플리케이션을 내려 받을 수 있었다. 이러한 아이폰의 등장으로 소프트웨어에 대한 관심이 급속도로 높아졌으며, 어떻게 국내 소프트웨어산업을 발전시킬 수 있을지에 대한 정책적 관심이 집중되었다.

그래서 몇 차례의 간담회 등을 통해 의견을 수렴해 본 결과, 몇몇 대기업 SI업체들의 횡포가 국내 소프트웨어 산업발전의 가장 큰 저해요인이라는 결론에 도달했다. 사실 이러한 지적은 오래 전부터 있어왔지만 대기업 SI들의 저항이 너무 큰 탓에 누구도 감히 그것을 해결하려고 나서지 못하고 있었다. 하지만 그대로 계속 방치하면 국내 소프트웨어 산업의 생태계가 왜곡되어 결과적으로 산업발전에 큰 걸림돌이 될 수밖에 없어 대책 마련이 시급했다.

당시 몇몇 대기업 SI들은 계열사의 일감 몰아주기에 의존하고 그 수익을 기반으로 저가로 공공시장에 참여해 국내 소프트웨어 생태계를 악화시키고 있었다. 이에 따라 2011년 10월에 공생발전형 소프트웨어 생태계 구축전략을 발표하고 상호출자 제한 기업집단 소속 대기업의 공공 소프트웨어 시장 참여를 제한하는 등 소프트웨어 시장의 공정거래 질서를 확립하기 위한 조치를 취했다. 당시 소프트웨어 산업계에 고착된 잘못된 질서를 바로잡기 위해서는 중소기업과 대기업 간의 종속관계를 단절시켜야 한다는 점에 대해서 대통령을 비롯해 정부 및 산업계 전문가들도 공감하고 있었다.

이를 응원군 삼아 험난한 여정일 수밖에 없는 소프트웨어산업진흥법 개정안 작업을 추진했다. 업계 전반의 의견을 수렴하고 간담회 등을 통해 대기업을 이해시키는 노력을 지속적으로 기울였다. 이 과정에서 일부 대기업 SI들과 언론은 법 개정에 따른 문제점 발생에 대해 많은 우려를 표명했다. 특히 대기업은 중소기업 품질에 대한 불신, 외국기업의 시장잠식, 중소기업의 대형 사업관리 역량 부족, 전자정부사업의 해외진출 동력 상실 등을 지적했다. 그러나 상세 RFP(Request For Proposal, 제안요청서)를 의무화하고 PMO(Project Management Office, 프로젝트 관리조직) 제도 도입 등을 통해 발주기관의 사업관리 전문성이 보완되면 중소 · 중견기업들도 대형 사업을 충분히 수행할 수 있다고 판단하고 개정안 작업을 밀어붙였다.

이에 대해 대기업 SI들로부터 "너무 과격하고 급진적인 것이 아니냐"는 불만을 많이 들었다. 그러나 소프트웨어 산업을 발전시키기 위해서는 더 이상 미룰 수 없는 불가피한 선택이었다. 그래서 가장 큰 수요부처라고 할 수 있는 행정안전부 실 · 국장 등의 관계자들과 정례적으로 미팅을 갖고 의견을 교환했다. 또한 한국벤처기업협회, 한국소프트웨어전문기업협회, IT여성기업인협회, 한국정보산업협동조합 등의 지원을 받는 등 관련 산업 종사자들과 공감대를 형성하기 위해 많은 노력을 기울였다.

이런 과정을 거쳐 결국 소프트웨어산업진흥법 개정안이 국회 본회의를 통과했다. 당시 언론에서는 이를 두고 한 편의 드라마와 같았다고 표현하기도 했다. 그만큼 대기업 SI들의 저항이 컸기 때문이다. 그럼에도 불구하고 소프트웨어 산업의 성장과 발전을 위해 반드시 해야 할 일을 했다고 평가했다. 이 일은 당시 지식경제부 윤상직 차관(이후 산업통상자원부 장관을 거쳐 20대 국회의원으로 활동하고 계신다)을 비롯한 지경부 공무원들의 소신과 노력이 없었다면 이루어내지 못했을 것이라는 얘기를 주변에서 많이 들었다. 소신과 뚝심으로 쉽지 않은 일을 해냈다는 것에 보람과 자부심을 느낀다.

관료가 잘해야 나라가 바로 선다

나는 31년 반 동안 공직생활을 했다. 중간에 한눈팔지 않고 묵묵히 한 길을 걸어왔다는 것에 긍지와 자부심을 느낀다. 사무관 시절에는 경제적으로 어려워 일반 기업체에 다니는 사람들을 부러워하기도 했다. 그런데 근속 12년이 넘어 과장급이 되니까 운신의 폭이 넓어지고 경제적으로도 나아졌다. 또 의사결정을 하는 실무 책임자가 되니 사람들이 대하는 눈도 달라졌다. 이후로 직급이 올라갈수록 책임과 권한의 범위가 커지는 것을 체감했다. 이런 맛에 공무원을 하는구나 라는 생각이 들면서 저절로 어깨가 으쓱해지기도 했다.

하지만 그럴 때마다 자기절제를 위해 노력했다. 행동거지를 신중하게 하고, 권력을 남용해 불미스런 일이 발생하지 않도록 주의했다. 커지는 권한만큼 책임을 다하고자 했고, 혹시라도 잘못된 정책으로 국민이나 기업들의 피해가 발생하지 않도록 노력했다. 나는 실무 책임자로서 우리 산업과 기업 관련 정책을 수립하고 집행했는데, 그것들이 성과로 나타날 때 큰 성취감과 희열을 느꼈다. 그럴 때마다 이만큼 보람을 느낄 수 있는 직업도 많지 않을 것 같다는 생각을 했다.

이렇듯 공직을 천직으로 알고 살아왔지만 공직사회에 대한 세간의 시선이 그다지 곱지 않아 안타깝다. 관료나 관료주의라는 말은 부정적인 의미로 사용될 때가 더 많은 것 같다. 현실과 동떨어진 탁상행정이나 마땅히 할 일은 하지 않고 눈치만 보는 복지부동의 대명사로 불린다. 또 형식주의와 비효율성으로 지탄 받기도 하고, 국민 위에 군림하려는 권위주의 행태도 종종 입에 오르내린다.

그런데 원래 의미는 그와 반대이다. 동양에서 관리는 어질고 지식이 있는 사람을 뜻하는 선비라는 말에서 유래한다. 선비를 뜻하는 사(士)는 벼슬을 의미하는 임(任)과 연관되어 지식과 기능을 갖추고 어떤 직분을 수행하는 사람을 관리라고 불렀다. 따라서 관리가 되려면 선비정신인 인의예지(仁義禮智)를 함양해야 했다.

이는 맹자의 위관지도(爲官之道)에서도 드러난다. 맹자는 국리민복(國利民福)이 안중에 없고, 윗사람의 비위만 맞추어 사리사욕(私利私慾)을 추구하고, 권세에 영합하려는 후안무치(厚顔無恥)한 자는 관리가 되면 안 된다고 했다. 그러면서 '조정의 중심인 자들이 도를 행하지 않으면 수치스럽다(立乎人之本朝 而道不行 恥也)'라고 했다. 이런 구절들을 보면 전제군주 시절에 군주를 대신해 백성을 다스리는 존재로 임명된 비혈연의 관리들에게 군주와 오늘 날 관료들이 어떤 자세로 일해야 하느냐는 아무리 강조해도 지나치지 않다.
사진은 2003년에 이희범 산업자원부 장관으로부터 녹조근정훈장을 받는 모습.

같은 도(道)의 실천을 요구했던 것 같다. 관료제는 이처럼 엄격한 도덕성에 기반해 출현했다.

현대적 의미의 관료제도가 자리잡은 것은 독일의 사회학자 막스 베버에 의해서였다. 관료제는 합리주의에 기초를 둔 근대사회의 가장 합리적인 지배와 복종의 관리형식으로 불리면서 20세기 초에 미국 등 서구사회로 확산되었다. 이런 관료제는 분업화, 계급제, 비인간적 규칙 등을 핵심요소로 삼는다. 이 중에서 비인간적 규칙은 개인의 감정을 배제한 법치(法治)와 관료의 정치적 중립을 포괄하는 의미로 정립되었는데, 여기에서 '관료는 영혼이 없다'는 말이 생겨났다. 이는 사적인 감정을 멀리하고 오직 공공의 이익을 추구한다는 멸사봉공(滅私奉公)의 의미이다. 동양적 사고처럼 서구식 관료제 역시 엄격한 도덕성에 기반했음을 의미한다.

그런데 베버가 말한 '영혼 없는 관료'는 우리 사회에서 다르게 사용되고 있다. 흔히 정권 교체기에 아무런 소신 없이 자리 보전을 위해서 권력의 뜻에만 맞추려는 관료들을 지칭할 때 사용된다. 그러나 실제로 대다수의 공무원들은 엄격한 도덕성에 투철한 사명감을 갖고 자신의 본분을 다하고자 노력하고 있다. 따라서 고위 공직자들의 솔선수범이 매우 중요하다. 어떤 유혹과 외풍에도 흔들리거나 굴하지 않고 전문적인 식견과 경험을 바탕으로 오직 국민을 위해 일하는 진정한 관료의 모습이 많이 확산되면 좋겠다.

오늘 날 관료들이 어떤 자세로 일해야 하느냐는 아무리 강조해도 지나치지 않다. 관료제는 정부나 기업 같은 대규모 조직이 복잡한 업무를 합리적이고 효율적으로 수행하는 이상적인 모형이다. 따라서 관료의 경쟁력이 곧 국가의 경쟁력이 된다. 산업정책에 있어서 정부의 역할도 관료들이 어떤 자세로 일하느냐에 달려 있다.

산업정책들이 효과적으로 수행되기 위해서는 관료조직의 역할이 중요하다. 압력단체나 특정 정당 및 사회단체 등의 압력에 굴하지 않고 장기적인 비전과 국익에 기초해 산업정책을 추진해야 한다. 나는 관료로 일하면서 다양한 산업정책을 수립하고 집행하는 경험을 했다. 산업, 무역, 기술, 통상, 에너지 분야를 두루 거치면서 내가 맡은 역할의 범위 내에서 우리 산업의 경쟁력을 제고하고 신성장동력을 창출하기 위해 최선을 다했다.

그런데 이런 과정들이 결코 순탄치만은 않았다. 정책을 집행하면서 국익과 특정 집단의 이익이 배치되는 문제에 부딪혀 어려움도 많았다. 합리적인 방법으로 특정 집단이나 지역을 설득하고 양보를 이끌어내는 데에는 앞서 말한 몇 가지 사례에서 보듯이 많은 인내가 요구되었다. 돌아보니 지나치게 원리 원칙을 강조하고 다소 융통성 없는 집행으로 느껴지는 일들도 있다. 하지만 공직자로서 국익을 위해 부끄럽지 않게 일해왔다는 것에 스스로 위안을 삼는다.

산업정책과 정부의 역할

국가는 경제발전을 통한 국민 생활수준의 향상을 목표로 다양한 산업정책을 추진한다. 산업정책이란 산업의 육성과 정비, 기업활동 등에 정부가 직접 개입해 실행하는 다양한 정책을 총칭한다. 오늘날의 산업정책은 세계경제의 조류 속에서 자국 산업 및 생산 활동의 주된 방향을 어느 쪽으로 유도하거나 규제하는 역할을 한다. 이러한 개입은 경제조건의 전개양상에 따라 정도와 방향의 차이가 크다.

우리나라의 경우, 수출주도형 경제성장정책을 채택함에 따라 1960~1970년대 산업정책은 주로 수출에 필요한 자금지원에 초점이 맞추어졌다. 따라서 정부는 외자 도입, 소비 억제 및 저축 장려, 각종 정책자금 지원 등을 통해 기업들에게 안정적으로 자금을 조달해 주는 산업정책을 적극 추진했다. 특히 1973년 정부가 중화학공업 입국을 선언하고 조선, 철강, 전자, 기계, 자동차 등 개별산업에 대한 적극적인 지원정책을 펼침에 따라, 1970~1980년대 초반까지의 산업정책은 산업별로 지원근거법을 마련하고 해당산업에 필요한 입지, 인력, 자금 등을 지원하는데 초점을 맞추었다. 그러나 1970년대 두 차례의 오일쇼크로 중화학공업 육성정책의 문제점이 드러나고 1980년대 중반 무역수지가 적자에서 흑자로 돌아서면서 산업정책에 있어서 큰 변화가 일어났다. 그동안 추진해오던 개별산업별 지원정책을 폐지하고 입지, 인력, 기술, 자금 등 전체 기업에 필요한 기능별 지원정책으로 전환되었다. 특히 1990년대에는 세계무역기구(WTO)체제가 출범하고 우리나라가 경제협력개발기구(OECD)에 가입함에 따라 정부의 직접적인 시장개입이나 규제가 어려워졌다. 따라서 2000년대 이후 정부는 산업 전반에 필요한 인프라 구축, R&D 지원을 통한 기술혁신 지원, 규제완화를 통한 새로운 시장창출 등과 같은 산업정책을 펴고 있다.

그런데 한편에서는 오늘날과 같은 자유시장 경제체제에서는 정부의 산업정책은 더 이상 존재할 필요가 없다고 주장하기도 한다. 역량과 규모가 커진 기업이 시장의 중심이 되었고, WTO 등 각종 국제규범으로 정부의 개입 여지도 줄어들었다는 점을 들어 산업정책의 무용론을 얘기하기도 한다.

그렇다면 권력이 시장으로 넘어갔다는 인식을 받아들여 정부가 산업정책에서 손을 떼고 민간기업에게 모든 것을 맡기면 될까? 그렇지 않다는 것이 일반적인 견해이다. 개별 기업들은 각자의 이익 추구에 관심의 초점이 있기 때문에 국가 전체의 로드맵이나 산업경쟁력 등에는 관심이 없다. 따라서 정부가 산업정책을 통해 전체적인 방향을 제시하고, 각종 제도를 만들고 필요

개별 기업들은 이익 추구가 목적이어서 국가의 로드맵이나 산업경쟁력 등은 별로 관심이 없다. 정부가 산업정책을 통해 전체적인 방향을 제시하고, 각종 제도를 만들고 필요한 인프라를 구축하는 역할을 해야 한다.

한 인프라를 구축하는 역할을 해야 한다.

이는 다른 선진국들의 경우도 마찬가지다. 우리나라의 산업부와 비슷한 역할을 하는 미국 상무부는 경제의 지속적인 발전을 위한 기술경쟁 촉진, 혁신, 지식기반 정책 등을 담당하고 있다. 일본 경제산업성도 대외경제 관계 발전, 고용창출, 에너지 개발 및 효율적 활용 등의 정책을 추진한다. 이들 선진국들의 산업정책은 우리가 참고할만한 21세기 산업정책의 구체적인 전형을 보여준다. 일례로 정부 차원에서 혁신적 기업가의 등장을 촉진할 수 있는 새로운 노동력 공급체계를 설계하기도 하고, 산업 및 기술 분야에 있어서 국제협력 기반을 구축하고 국가 간의 공동 프로젝트를 추진하기도 한다. 또 혁신경쟁을 촉진하기 위해 자본시장을 개편함으로써 자본비용을 대폭 줄이고 접근성을 확장하기도 하는데, 이것들은 21세기 산업정책의 핵심요소라고 할 수 있다. 따라서 우리 정부의 산업정책도 이들 선진국처럼 21세기의 산업 패러다임에 맞춰 국가의 산업경쟁력을 강화하는데 더욱 기여할 수 있어야 한다.

실물경제의 주무부처로서 산업부는 실제로 산업과 기업의 성장을 뒷받침하기 위해 다양한 산업정책을 수립, 추진한다. 성장산업에 대해서는 경쟁을 촉진시키고, 사양산업에 대해서는 구조조정에 따른 사회적 비용을 최소화하기 위한 대책을 수립, 추진한다. 또 기업 경쟁력의 열쇠인 기술개발을 촉진시키기는 역할도 한다. 글로벌 환경 변화가 클 때는 기업의 체질 강화와 국제경쟁력 제고를 위해 산업정책의 골격을 새로 세우기도 한다. 정부의 이런 역할은 제대로만 한다면 자유시장 경제체제에서 우리 산업을 보호하고 국제 경쟁력을 유지하는데 도움이 될 수 있다.

이러한 차원에서 정부가 개별 기업들의 매각이나 특허분쟁 등의 문제에 관여하거나 중재해야 하는 경우가 있다. 이는 정부가 기업의 고유한 경영권에 간섭하거나 어떤 외압을 가하려는 것이 아니다. 국가 경제 및 산업 측면을 고려해 보다 큰 틀에서 접근하도록 함으로써 국가와 기업 모두 바람직한 방향으로 나아가도록 유도하려는 것이 목적이다.

특히 기간산업 분야에서 기업 매각 건이 발생할 때 정부 역할이 중요하다. 단순히 기업 간의 문제로 보지 말고 그것이 국내 산업 전반에 미치는 파급력을 고려해 정부가 해당 산업에 대한 정책방향을 제시해 바람직한 쪽으로 매각이 이루어지도록 유도하는 것이 중요하다. 인수하고자 하는 측과 매각하고자 하는 측이 모두 가격 등 근시안적인 인수조건만 고려하다 보면 돌이키기 어려운 잘못을 범할 수도 있다. 따라서 이들이 국가 산업 측면까지 고려한 큰 그림을 머리 속에 넣고 협상에 임하도록 정부가 적절한 역할을 해야 한다. 2011년 SK텔레콤의 하이닉스 반도체 인수 때 정부의 역할이 좋은 사례이다.

또 국가 기간산업을 이끌어가는 기업 간에 특허 등으로 분쟁이 생길 때도 정부 역할이 중요하다. 개별 기업들의 일이라고 방관하다보면 분쟁이 지속되어 결국 국익에도 큰 손해이다. 따라서 정부가 적극 나서서 조정과 중재를 하는 것은 의미가 크다. 2013년 삼성과 LG의 디스플레이 특허 분쟁을 정부의 중재로 해결한 것이 실제사례이다. 다음에 소개하는 사례들은 성장동력실장 시절에 겪은 것들인데, 정부의 바람직한 역할을 고민할 때 참고하면 좋겠다.

사례 ❶

SK의 하이닉스반도체 인수

2011년 국내 경제계의 큰 이슈 중의 하나는 ㈜하이닉스반도체를 누가 인수하느냐였다. 하이닉스반도체는 2001년 8월 현대그룹이 채권단협의회(이하 채권단)에 경영권 포기각서를 내면서 반도체 전문기업으로 운영되었다. 그리고 그해 10월부터 기업구조조정촉진법에 의해 채권단의 공동 관리체제에 들어갔으며, 2009년부터 채권단은 하이닉스반도체의 매각을 추진했다. 그러나 워낙 매각대금이 크고 세계경제의 불확실성 등으로 인수자가 나서지 않아 2차례나 유찰되는 등 진통을 겪었다.

매각작업은 2011년에 급물살을 타기 시작했다. 그해 6월 3차 매각 공고에 SK텔레콤과 STX가 인수의향서를 제출했다. 그런데 9월에 STX가 투자 부담 등을 이유로 인수 추진을 중단했다. 이에 11월에 SK텔레콤이 단독으로 입찰에 나서 우선협상대상자로 선정되었다. 그리고 이듬해인 2012년 2월, 주식인수 대금 3조 4267억원을 납입함으로써 하이닉스반도체는 SK그룹 소속으로 재탄생했다.

다른 산업 구조조정도 마찬가지지만 이런 기업매각의 경우, 정부가 할 수 있는 일은 별로 없어 보인다. 매각의 열쇠는 채권단이 쥐고 있다. 채권단은

은행, 보험, 증권, 신탁회사 등으로 구성되는데, 이들 구성원의 4분의 3이 동의하면 해당 기업에 대한 매각 등을 결정할 수 있기 때문이다.

인수하는 기업 측면에도 정부가 관여할 것은 없어 보인다. 기업마다 회사의 업무집행에 관한 사항을 결정하는 이사회가 있다. 이사회는 법률 및 정관에 의해 주주총회의 권한으로 정해 놓은 것을 제외한 모든 업무를 의결해 집행한다. 따라서 이런 인수합병은 이사회가 주체가 되어 채권단과 인수조건 등을 협의해 알아서 진행하면 되는 일이다.

그렇다고 해서 정부가 팔짱을 끼고 그냥 지켜만 보면 될까? 그러면 안 된다는 게 내 생각이다. 바람직한 방향으로 매각과 인수가 이루어지도록 정부가 역할을 해야 한다. 왜냐하면 매각하려는 채권단이나 인수하려는 이사회 모두 국가 차원에서 해당 산업이 어떤 의미가 있고 어느 방향으로 가야 하는지에 대한 깊은 인식이 없기 때문이다.

채권단의 최대 관심은 최대한 비싼 가격으로 매각하는 것이다. 누가 인수를 해서 회사를 잘 살려내고 국익에도 도움이 될지는 별로 신경 쓰지 않는다. 그러므로 그들은 인수조건을 자기들한테 유리한 쪽으로 끌고 가려고 하는데 익숙하다. 인수하려는 기업의 입장도 마찬가지다. 인수조건을 최대한 자기들한테 유리한 쪽으로 끌고 가서 해당 기업이 제대로 사업을 하도록 하는 데는 관심이 있지만 국가 차원에서 해당기업의 인수가 어떤 의미가 있고 그 산업에 어떤 영향이 있는지 등에 대해서는 그다지 심각하게 고민하지 않는다.

채권단 입장에서 비싸게 매각하는 것만 고려한다면 해외의 자금력 있는 기업에게 팔아 넘겨도 된다. 그리고 인수기업의 입장에서는 최대한 유리한 조건으로 인수하여 그 기업을 자신들의 그룹 내에서 가장 잘 활용할 수 있는 방향으로 운영하면 아무런 문제가 되지 않는다.

이와 달리 산업정책이나 국익차원에서 보면 해당 기업을 가장 잘 운영할 수 있고 우리 산업의 경쟁력을 키워나갈 수 있는 기업이 인수하도록 하는 것이 바람직하다. 그럼에도 불구하고 정부가 개입할 수는 없다. 아무리 국익을 앞세운다 해도 개별 기업의 매각 건에 직접 관여하면 안 된다. 하지만 가능한 방법들을 동원해서 국가 산업 측면에서 정부의 입장을 전달해 인수조건에 반영되도록 할 수는 있다.

이런 목적으로 나는 담당과장과 함께 하이닉스반도체 인수에 관심을 갖고 있던 회사들을 만나 인수에 어떤 생각을 갖고 있고, 인수 후에 어떻게 운영할 계획을 갖고 있는지를 들어보았다. 그리고 개별기업 입장에서 궁금해 하는 세계 반도체시장에 대한 전망과 우리 반도체 산업이 가야 할 방향 등에 대해 의견을 나누었다. 그리고 채권단에도 간접적인 방법을 통해 채권회수에만 관심을 갖지 말고 인수기업이 인수 후에 적절한 투자를 통해 하이닉스를 잘 살릴 수 있도록 인수조건을 제시해 줄 것을 요청했다.

당시 하이닉스 매각 문제는 산업정책 측면에서 매우 중요한 이슈였다. 왜냐 하면 반도체 산업이 국가 경제에 미치는 영향이 워낙 커서 자칫 매각에 차질이 빚어지면 국가 차원에서도 큰 피해가 발생하기 때문이었다. 하이닉스반도체는 2011년 기준 자산 16조 4천억원, 매출 10조 2천억원, 종업원 1만 9천명 규모이고, 매출액의 상당 부분은 수출했으며, D램 메모리 분야에서 세계 시장 점유율이 20%대로 삼성전자에 이어 2위를 기록하고 있었다.

결과적으로 SK그룹이 하이닉스반도체를 인수했다. 하이닉스반도체 인수는 SK그룹뿐만 아니라 국가적으로도 대성공이 아닌가 싶다. SK하이닉스는 경영 안정과 투자 확대를 통해 지속적인 매출 신장과 해외수출 증대로 D램과 낸드플래시 메모리 분야에서 우리나라의 반도체 시장 경쟁력을 끌어올리는 데 기여하고 있다.

이 사례는 산업정책적인 측면에서 정부의 역할을 다시 한번 되새겨보게 한다. 비록 개별 기업의 매각 건이지만 그것의 결과가 산업 측면에서 국가 경제에 큰 영향을 미칠 수 있다고 판단되면 정부가 일정 부분 역할을 해야 한다는 것이다. 특히 반도체와 같은 국가 기간산업의 경우, 자칫 잘못된 매각으로 인해 큰 피해를 불러올 수 있으므로 바람직한 매각이 이루어지도록 정부가 국가 산업의 관점에서 의견을 전달해야 한다. 이런 점에서 하이닉스반도체 매각 건은 모든 면에서 원활한 진행이 이루어져 결과적으로 국가 기간산업의 발전을 도모하는 데에도 기여하게 되었다는 점에서 의미가 크다고 생각한다.

사례 ❷

삼성-LG의 특허분쟁 중재

2012년 7월 시작된 삼성과 LG의 특허분쟁으로 연일 경제계가 시끄러웠다. 발단은 삼성디스플레이가 유기발광다이오드(OLED) 기술을 유출한 혐의로 LG디스플레이의 임직원과 자사의 전·현직 연구원을 고발하면서부터였다. 이를 시작으로 특허침해를 둘러싼 쌍방 간의 가처분 신청, 특허침해소송, 손해배상소송 등 진흙탕 싸움이 이어졌다. 양사가 자존심을 걸고 치고 받는 싸움을 벌이면서 감정의 골도 깊어졌다.

국내를 대표하는 두 대기업의 특허분쟁이 격화되자 당시 주무부처인 지경부의 고민도 커졌다. 우선 양측의 갈등이 갈수록 확대되는 것에 대한 국민들의 인식이 상당히 부정적이었다. 대기업들이 이권 다툼에만 빠져 있는 듯한 모습은 누가 보기에도 좋지 않아 보였다. 산업 측면에서도 우려가 되었다. 디스플레이 산업은 국내 기업들이 세계시장을 선도해오고 있지만 중국이 빠른 속도로 추격해오고 있었다. 더구나 삼성은 애플과도 특허소송을 벌이고 있어 국내 기업끼리 이런 문제로 장기간에 역량을 소비할 필요가 있는지 걱정스러웠다.

이에 당시 홍석우 장관이 성장동력실장이던 나를 불러 양사의 분쟁 해결을 위해 정부가 무엇을 할 수 있는지 의견을 물었다. 홍 장관은 삼성의 권오현 부회장과 친분이 있었는데, 정부가 어떤 식으로든지 사태 해결에 도움을 주면 좋겠다고 생각했던 것이다. 그래서 주변 사람들에게 의견을 구했더니 대다수가 고개를 저었다. 기업 간의 분쟁에서 정부가 할 수 있는 역할이 없으니 끼어들지 말라고 했다. 이전의 사례들도 검토를 해봤는데 기업 간의 분쟁에서 정부가 어떤 역할을 했던 경우는 찾기 쉽지 않았다.

그렇다고 정부 입장에서 팔짱을 낀 채 관망만 할 수도 없었다. 정부가 중재자로 나서서 기업 간의 분쟁 해결에 기여할 수 있다면 이처럼 의미 있는 일도 없을 것 같았다. 그렇다고 해서 장관이 나서서 양사의 회장이나 부회장들을 직접 만나는 것은 여러 가지로 많은 파장이 우려되었다. 그래서 우선 실무자 차원에서 내가 양쪽의 사장들을 만나보기로 했다.

내가 삼성과 LG의 사장을 각각 만나서 면담을 했다. 각자 기업의 입장을 들어 주고, 나는 정부 입장에서 국가의 산업경쟁력 저하 문제 등의 우려를 설명했다. 그러면서 정부에서 만남을 주선할 테니 만나서 합의를 하면 어떻겠느냐고 설득했다.

양쪽 사장들을 만나고 나니 정부에서 중재자 역할을 할 수 있겠다는 확신이 들었다. 사실 양측 모두 분쟁을 오래 끌고 가는 것에 대해 부담을 느끼고 있었다. 그러면서도 서로 먼저 그만두겠다고 하기도 어려운 입장이었는데, 정부가 나서서 자리를 만들어주면 응하겠다고 했다.

삼성과 LG의 특허분쟁 해결은 당시 빅뉴스였다. 양측 화해에 내가 일등 공신이라는 칭찬도 많이 받았다. 기분이 좋았다. 칭찬을 받아서만이 아니었다. 분쟁 해결의 의미가 그만큼 컸기 때문이다.
사진은 당시 언론에 소개되었던 캐리커처.

삼성 · LG 화해시킨 '중재의 힘'(2013년 3월 21일, 이투데이기사)

2013년 2월, 양사 사장들이 만났다. 내가 가운데 섰고 김기남 삼성디스플레이 사장과 한상범 LG디스플레이 사장이 양쪽에 서서 셋이 함께 손을 잡았다. 반 년 넘게 이어진 특허분쟁에 화해의 물꼬를 트는 순간이었다. 이날 양사는 내부적으로 합의사항에 대한 입장을 정리해 발표했다. 이후 삼성 측에서 OLED 기술 사용금지 가처분신청을 취소했고, 이에 화답하듯 LG측에서도 특허침해소송을 취하하면서 갈등이 봉합되었다. 양측은 크로스 라이선스(Cross License) 방식으로 OLED 관련 특허를 공유하기로 합의했다. 크로스 라이선스란 계약 당사자들이 자기가 가진 특허권 등에 관하여 상호간에 실시권을 부여하는 일을 말한다.

삼성과 LG의 특허 분쟁 해결은 당시에 빅뉴스였다. 양측의 화해에 내가 일등공신이라는 칭찬도 많이 받았다. 당연히 기분이 좋았다. 하지만 칭찬을 받아서만이 아니었다. 분쟁 해결의 의미가 그만큼 컸기 때문이다. 무엇보다 우리 기업들이 더 이상의 소모전을 중지해 이로 인한 국가 차원의 손해를 막을 수 있었다는 것이 큰 보람으로 느껴졌다. 이런 것이 정부의 역할이라는 생각에 마음이 뿌듯했다.

얼핏 보면 개별 기업 간의 분쟁이 발생할 때 정부의 역할은 없다. 당사자 간에 법률로 시시비비를 가리면 되기 때문이다. 그런데 꼭 그렇지 않다. 법적 공방으로 들어가면 많은 시간과 재원이 낭비되고, 국민적 인식도 나빠지는 등 기업으로선 손실이 매우 크다. 이럴 때 정부가 자리를 만들어 주는 것만으로도 화해를 위해 큰 역할을 하는 것이다. 정부가 적극적으로 나서 쌍방의 만남을 주선하다 보면 기업들도 서로 양보하고 타협할 방안을 찾게 된다. 그러다 보면 자연스럽게 중재와 조정이 이루어져 분쟁 해결에 도움을 줄 수 있다.

이 건은 정부가 대기업들 간의 분쟁을 중재한 드문 사례여서 의미가 크다. 산업정책에 있어서 정부의 역할이 무엇인지를 되새겨보게 하는 계기가 되었다. 이와 비슷한 경우가 발생할 때 본보기로 활용되면 좋겠다.

鵬程萬里
큰 새가 먼 길을 가듯이

|2부| 인생관

붕정만리 기불탁속

작은 아버지

주변에 좋은 인연을 많이 만들어라

자기절제할 줄 알아야 대과가 없다

반짝이는 아이디어보다 원론적 접근을

무 · 한 · 도 · 전

가끔은 거꾸로 보고, 뒤집어 보자

인생은 새옹지마

소통하고 협업하라

이분법적 사고에서 벗어나라

믿는 만큼 자란다

붕정만리 기불탁속

올해(2017년) 내 나이 환갑이다. 주민등록상으로는 1년 후이지만 실제로는 올해다. 출생신고가 늦어졌기 때문이다. 나는 쌍둥이로 태어났다. 당시 부친께서는 "쌍둥이로 태어났으니 몸이 약할지 모른다"고 걱정하시면서 1년 후에 출생신고를 하셨다고 한다. 나는 KOTRA 사장으로 3년간 일해 오면서 언론에 적잖게 기고를 했다. 대개는 무역투자에 관한 내용이지만 인생관을 소개한 적도 여러 번 있다. 외부 강연 때도 두어 차례 그랬다.

내세울 얘기가 많아서 기고와 강연을 했던 게 아니다. 인생을 돌아보는 나이가 되었고, 공직자로 일하면서 경험했던 것들을 나누고 싶었을 뿐이다. 누구나 인생을 바꾸는 한 마디 말이나 글을 접한 적이 있을 것이다. 나도 그렇다. 환갑 나이가 되니 인생을 통해 배운 지혜와 경륜이 적잖다. 그걸 인생 후배들에게 들려주면 좋은 참고가 될 수 있겠다는 생각이 들었다. 나 또한 앞서 걸어간 이들의 발자취를 보면서 삶의 지혜를 배워왔듯이 말이다.

그때는 몰랐지만 가슴에 오래 남아 인생의 좌표가 되는 것들이 있다. 스승이나 부모에게 들은 한 마디 말이거나, 고전 또는 성현의 책에서 접한 한 줄의 글일 수도 있다. 내게도 삶의 이정표가 된 말씀이 있다.

고3때 담임이던 고(故) 정남수 선생님은 행동이 의연하고 멀리 보는 분이셨다. 졸업식 날, 선생님은 청운의 꿈을 품고 더 넓은 세상으로 나아가는 제자들에게 마지막으로 큰 가르침을 주셨다. 칠판에 큰 글씨로 '사별삼일(士別三日) 괄목상대(刮目相對), 붕정만리(鵬程萬里) 기불탁속(飢不啄粟)'이라고 쓰고 이렇게 말씀하셨다.

"선비는 사흘을 떨어져 있으면 눈을 부비고 바라볼 정도로 자신을 정진해야 하고, 큰 새는 먼 길을 날아가는 도중에는 아무리 배가 고파도 조(粟)는 쪼아 먹지 않는다는 뜻이다. 이제 더 넓은 세상으로 나아가게 되었으니, 부디 가슴에 큰 뜻을 품고 정진하여 나라에 보탬이 되는 큰 인물들이 되길 바란다."

그날 이후 나는 선생님의 마지막 당부말씀이 종종 떠올랐다. 고시 공부를 하면서 힘에 부칠 때나, 공직생활을 하면서 어려운 의사결정을 내릴 때마다 그 말씀을 떠올리면서 마음을 가다듬었다. 누구나 살다보면 근시안적인 시각에 사로잡혀 큰 방향을 잃을 수 있다. 정도(正道)에서 벗어나 편법에 마음이 끌릴 수도 있다. 자신의 부덕(不德)을 깨닫지 못한 채 남을 탓하기 쉽고, 작은 공적을 다투느라 사리분별을 못할 수도 있다. 이럴 때마다 이 말씀을

붕정만리 기불탁속. 이 말씀처럼 긴 호흡으로 멀리 보면서 행동하고자 했다.
위 사진은 고3때 졸업사진으로 맨 뒷줄 왼쪽 네 번째가 필자.
아래 사진은 2010년 한양대에서 박사학위를 받았을 때.

떠올리면서 눈앞의 이익만을 좇지 않고 긴 호흡으로 멀리 보면서 행동하고자 했다.

평소에도 선생님은 인격 함양에 도움이 되는 말씀을 자주 해주셨다. 고전과 한시를 많이 들려주신 덕분에 교양과 상식을 넓힐 수 있었다. 춘향전의 어사출두 장면에 등장하는 한시로, 탐관오리 때문에 고통 받는 백성들을 묘사한 "금동이에 담긴 향기로운 술은 뭇사람의 피요, 옥쟁반의 맛 좋은 안주는 일만 백성의 기름이라(금준미주 천인혈 옥반가효 만성고 · 金樽美酒 千人血 玉盤佳肴 萬姓膏)"로 시작하는 문장을 지금까지 암송하는 것을 보면 선생님에게 받은 영향이 꽤 컸던 것 같다.

고교 졸업 이후 나는 '붕정만리(鵬程萬里) 기불탁속(飢不啄粟)'을 좌우명처럼 삼아왔다. 날개 짓 한 번에 구만리를 날아가는 큰 새처럼 큰 꿈을 꾸면서 멀리 날고 싶었다. 가야 할 먼 길을 초조해 하지 않고 오직 바람이 두터운가를 보고자 했다. 나의 날개와 바람이 어떠한지를 살피면서 붕정만리의 저 두텁고 긴 호흡을 닮고자 했다.

장자의 소요유(逍遙遊) 편에 이런 멋진 문장이 나온다. 혹시 누군가의 인생에 등대가 될지 몰라 소개해 본다.

무릇 물이 깊지 않으면 큰 배를 띄울 수 없다. 파인 곳에 물 한 잔을 부으면 검불은 떠서 배가 되지만, 잔을 얹으면 바닥에 닿고 만다. 물은 얕고 배는 크기 때문이다.

바람이 두텁지 않으면 큰 날개를 실을 힘이 없다. 그러므로 9만리를 솟아올라야 날개를 띄울 바람이 아래에 쌓이게 된다. 그런 다음 바람을 타고 푸른 하늘을 등에 지게 되는데, 누구도 그 앞을 막지 못한다. 그런 후에야 아득한 남쪽(南冥)으로 떠날 수 있는 것이다.

가까운 들로 나가는 사람은 세 끼만 준비해도 돌아와 배가 부르지만, 백 리를 가려는 자는 밤새워 방아를 찧어야 하고, 천리를 가려는 자는 석 달은 양식을 준비해야 한다. 매미나 비둘기들이 어찌 이를 알겠는가.

작은 아버지

중2때 추석 바로 전쯤으로 기억된다. 학교 갔다가 집에 오니 마루에 앉아 계시던 모친께서 부산에 가자고 하셨다. 왜 갑자기 부산에 가느냐고 물으면서 모친 표정을 살피니 느낌이 이상했다.

"아버지 돌아가셨다"

애써 슬픔을 억누르고 모친이 말씀하셨다. 청천벽력이나 다름없었지만 너무 뜻밖이고 어려서인지 실감이 나지 않았다.

부친은 전매 공무원을 하다가 그만두고 부산에서 다른 일을 하고 계셨다. 교통사고로 갑자기 돌아가시니 황망하기 그지없었다. 그때 부친의 연세가 쉰 살에 불과했다. 큰 아들은 장성했지만 아직 어린 4남매를 혼자 부양해야 하는 모친의 심정이 어떠했을지 생각하면 지금도 가슴이 시리다.

부친의 부재는 두고두고 크게 느껴졌다. 경제적인 어려움도 컸지만 정신적으로 믿고 의지할 아버지가 없다는 사실은 사춘기에서 청년기로 성장하는 동안 늘 마음 한 구석을 허전하게 만들었다. 그런 한편으론 부친의 부재가 정신적인 성숙을 앞당겨 주기도 했다. 무엇이든 불평하지 않고 어른스럽게 행동하면서 어머니께서 상심할 일이 없도록 해야 한다는 생각을 많이 했다.

시련은 사람을 단련시킨다. 돌아보면 나 역시 그랬던 것 같다. 먹감나무는 감나무가 천둥번개나 비바람 등으로 상처를 입어 몸 속에 검은 곰팡이 무늬가 새겨져 있는 나무를 말한다. 보통의 나무라면 그대로 썩어서 죽기 십상이다. 그런데 이 나무는 몸 속에 난 상처를 아름다운 문양으로 빚어내 예부터 장롱이나 문갑 등 고급 가구재로 많이 사용되면서 귀한 대접을 받았다. 제 몸에 난 상처를 다스려 아름다운 무늬로 만들어내는 먹감나무처럼 나도 시련에 굴하지 않고 더 성숙한 인간이 되고자 노력했던 것 같다. 상처와 슬픔이 오히려 힘이 될 수 있다는 것을 많이 느꼈다.

부친의 빈 자리를 채워 준 분은 작은 아버지였다. 부친은 3남 1녀 중에 장남이셨는데, 바로 밑의 작은 아버지가 집안의 어른 역할을 대신 해주셨다. 공직생활을 하면서 존경하는 인물이 누구인지 질문을 받을 때가 있었다. 그때마다 나는 작은 아버지를 떠올리곤 했다. 작은 아버지는 내 삶의 표상(表象)이셨다. 작은 아버지를 본보기로 삼아 공직생활을 했고, 그 덕에 대과(大過) 없이 공직을 마칠 수 있었다.

작은 아버지는 매우 의지가 강한 분이셨다. 일제 강점기에 학도병으로 만

작은 아버지는 내 삶의 표상이셨다.
작은 아버지를 본보기로 삼아 공직생활을 했고,
그 덕에 대과 없이 공직을 마칠 수 있었다.
사진은 미국 유학시절 작은 아버지 내외분이 오셨을 때 모습.

주에 끌려가셨는데, 탈출을 시도하다 잡혀서 이름도 모르는 중국 오지에서 고생을 하셨다고 한다. 그래서 우리 나라가 8 · 15 광복이 된 지도 모르고 계시다가 1년이나 지나서 집으로 돌아오셨다고 한다. 이렇게 일찍부터 험난한 생사의 고비를 넘겨서 그런지 매사에 강인한 모습을 보이셨다. 귀국 후에는 경찰 공무원이 되셔서 지방 경찰서장까지 하고 나오셨고, 이후에는 일본을 상대로 섬유 관련 무역업을 하면서 사업적으로도 성공을 하셨다.

나는 작은 아버지의 성실함을 매우 존경했다. 그 분은 평생을 규칙적이고 일관된 모습으로 살아오셨다. 새벽 4시에 기상해 목욕탕에 가서 목욕을 하는 걸로 하루 일과를 시작하셨다. 1년 365일이 하루 같이 똑 같았다. 차례나 제사를 지낼 때도 한 번을 거른 적이 없으셨다. 우리 집이 큰집이라 서울에서 제사를 모셨는데, 그때마다 부산에서 먼 길 마다않고 오셨다. 설날과 추석은 물론 할아버지 할머니 제사까지 빼놓지 않고 챙기셨다.

나는 작은 아버지처럼 규칙적이고 주변 관리를 잘하는 사람을 본 적이 없다. 당신도 평생 사업을 해오셨기 때문에 집안의 대소사를 매번 챙기는 게 쉽지 않을 때가 많았을 것이다. 그리고 생활의 여유가 있어도 사업을 하는 분이라 어려움을 겪을 때도 있었을 것이다. 그럼에도 불구하고 한결 같은 자세로 주변을 챙기고 도움을 주셨다. 은퇴하고도 건강이 허락할 때까지 그러셨으니 의지와 실천력이 얼마나 대단한지 절로 감탄하게 된다.

작은 아버지는 당신의 부모님에 대한 존경심도 각별해서 지극정성으로 효도를 하셨다. 할아버지는 내가 태어나기 전에 돌아가셔서 기억이 없지만 할

머니는 우리 가족과 같이 대구에서 생활하고 계셨다. 내 부친이 돌아가실 무렵 할머니께서 작은 아버지가 계시는 부산으로 거처를 옮기셨다. 할머니께서는 작은 아버지에 대해 "매일 아침 저녁으로 문안인사를 하루도 거르지 않아 몸가짐을 흐트러뜨리기가 어려웠다"고 말씀하시면서 흐뭇해하곤 하셨다. 작은 아버지는 우리한테도 가끔 "할아버지께서 결단을 내리셨기 때문에 시골인 고향에서 나와서 도회지에서 생활하면서 대학까지 다닐 수 있게 되었고 더 성장할 수 있었다"고 말씀하시면서 항상 감사를 드린다고 했다.

작은 아버지는 본인이 옳다고 여기는 것들은 어떤 일이 있어도 지키려고 노력하셨다. 작은 아버지의 이런 모습들은 내가 공직생활을 하는데 많은 영향을 미쳤다.

작은 아버지는 구순 넘게 장수하시고 지난해 돌아가셨다. 삼가 고인의 명복을 빈다.

좋은 인연을 많이 만들어라

우리는 흔히 가까이 있는 존재의 고마움을 잊고 지낼 때가 많다. 공기와 물의 고마움을 잊고 사는 것처럼 자신의 주변에 있는 사람들에게 감사한 마음을 느끼지 못하는 경우가 많다. 마치 손에 닿지 않는 금은보석에 눈을 빼앗기듯이 멀리 영향력 있는 사람들에게 잘 보이려고 애쓰는 이들이 많다.

그런데 이는 잘못된 생각이다. 한 개인에 대한 평가는 가까운 곳에 있는 사람들이 할 때 가장 정확하다. 자기 우호세력은 자기가 만든다. 그러므로 좋은 평가를 받으려면 가까이 있는 사람들을 진심으로 대해야 한다. 그러면 원하는 결과를 얻을 수 있고 본인의 경쟁력도 높아진다. 30년 넘는 공직생활에서 내가 깨달은 가장 큰 교훈은 '주변의 좋은 인연'이 많아야 한다는 것이다.

그렇다면 어떻게 좋은 인연을 많이 만들 수 있을까. 사실 산다는 것은 관계

자기 우호세력은 자기가 만든다.
좋은 평가를 받으려면 가까이 있는 사람들을 진심으로 대해야 한다.
사진은 산업부 시절 직원들과 함께 했던 순간들.

맺기의 연속이다. 사회적 동물인 인간은 타인과 부단히 관계를 맺으며 살아간다. 이중에서 어떤 만남은 좋은 인연으로 발전하는가 하면 안 좋은 인연이 되어 상처를 남기는 경우도 있다. 이런 상반된 결과는 상대에 따라 다를 수 있지만 자신의 행동에 의해 좌우되는 경우가 많다. 예를 들어 공직생활을 하다보면 기업인을 만나 이런저런 부탁을 받을 수 있고, 직장 상사로서 부하직원들의 애로를 들어줘야 하는 경우도 생긴다. 이럴 때 어떤 자세를 취하느냐에 따라 우리의 인연도 달라진다.

자신의 입장만 고수하면 좋은 인연을 만들 수 없다. 경직된 자세로 무조건 안 만나주면 상대방은 섭섭한 마음이 생길 것이다. 대면의 기회조차 없으니 이런저런 오해가 생길 수 있고 무시 당했다고 여길 수도 있다. 반면에 애로를 해결해 주지는 못해도 만나서 얘기라도 들어주는 자세는 좋은 인연을 만든다. 옳지 않거나 불법적인 방법을 제외하고 성의를 다하는 모습을 보이면 대개는 그것만으로도 고마움을 느끼기 때문이다.

조직에서의 인간관계도 마찬가지다. 상사 혹은 유관부서 입장에서 해결해 줄 수 없는 일이라면 귀를 닫아버리기 쉽다. 그런데 상대방의 입장에서 얘기를 들어주고 안 되는 이유라도 설명해주려는 열린 자세가 요구된다. 주변에는 원칙만을 앞세워 운영의 묘를 살리지 못하는 경우가 많다. 규정상 아무 문제가 없는데도 불구하고 운영하는 방식이 서툴러 해결책을 제시하지 못하는 경우가 의외로 많다. 사회는 시스템인 제도와 이를 운영하는 인간으로 요약된다. 그런데 제도나 규정이라는 틀에 짓눌려 인간의 영역인 운영 면에서 제구실을 못하는 모습을 보면 참 안타깝다. 좋은 인연은 자신이 세운 원칙을 지키는 동시에 상대방의 입장까지 배려할 때 생긴다.

그동안 맺어온 좋은 인연들을 떠올리다 보니 처음 과장 직책을 맡았을 때가 생각난다. 단위부서를 이끄는 관리자로서 의욕이 충만했던 만큼 일도 잘하고 화목한 부서를 만들고 싶었다. 사람은 누구나 잘하는 분야가 있게 마련이라 적재적소에 일을 맡겨 각자 지닌 능력을 최대한 발휘하도록 이끌었다.

이후로도 여러 부서를 거치면서 좋은 인연을 많이 만들었다. 일도 열심히 했고 성과도 만족스러운 게 많았다. 구성원 간의 유대도 끈끈했고 정이 넘쳤던 것 같다. 배려하고 존중하는 가족 같은 분위기를 만들려고 서로 노력하던 모습들이 떠오른다. 퇴근 후 함께 소주잔을 기울이다보면 직장의 상사와 부하가 아닌 인생의 선후배로서 더욱 깊은 만남이 밤늦도록 이어지곤 했다.

물론 개중에는 업무 감각이 떨어지는 직원들도 있었다. 실무자로서 일을 기획하거나 보고서를 만들 때, 전체의 차원에서 큰 맥을 짚지 못하고 너무 단편적이고 부분적인 것에 시각이 머물러 있는 경우를 접할 때가 있었다. 그럴 경우 잘못된 점들을 지적해 주면서 같은 실수가 반복되지 않도록 노력했다. 지적사항을 바로 알아듣고 고치는 직원도 있지만 더러는 자신의 문제점을 파악하지 못하고 같은 잘못을 반복하는 경우도 있었다. 그럴 때는 몇 개월이 걸리더라도 잘못된 점을 바로 잡아주고자 노력했다. 가끔은 야단을 쳐야 할 때도 있었다. 이는 부하 직원 개개인의 발전을 위해서만이 아니라 국가의 산업정책을 수립하고 집행하는 일을 한다는 책임감에 따른 것이 아니었나싶다.

이렇게 야단을 맞으면서 일을 배운 부하직원이 전혀 딴사람처럼 성장한 모습을 보면 대견하고 뿌듯하기 그지없다. 훗날 부처의 에이스로 불리면서 여기저기서 서로 끌어당길 정도로 업무를 잘하는 모습을 보면 큰 보람을 느낀다. 그런 어느 부하직원으로부터 뜻밖의 편지를 받아 더욱 뜻깊었다. 2012년 5월 스승의 날에 그가 한 통의 편지를 보내왔다. 이메일이 아닌 손 편지여서 더 기억에 남았다. "스승의 날 아침에 출근하면서 내 인생의 스승은 누구인가 생각해보니 실장님이 떠올랐습니다."라는 글은 나 자신을 새삼 돌아보게 만들었다. 2014년 스승의 날에 그는 또 한 번 손 편지를 보내왔다. 한 구절을 소개하면 이렇다.

"10년 전, 과장님으로 모실 때와 그 이후 신산업정책관, 성장동력실장으로 모실 때, 또 지금 차관님으로 모시는 느낌이 다 조금씩은 다르지만 제게 차관님은 훌륭한 공직생활의 모범을 보여주시는 고마운 스승님이십니다. 차관님을 과장님으로 모시면서 많이 혼났지만 좁았던 제 사고의 틀과 인식을 넓혀 새로운 세상이 있다는 것을 깨닫게 해주셨습니다. 헤르만 헤세의 〈데미안〉에 나오는 알을 깨고 새로운 세상에 나온 느낌이랄까요."

누군가로부터 스승으로 대접받는 것은 영광스러우면서도 큰 부담감을 느끼게 한다. 인생선배로서 늘 귀감이 되는 삶을 살아야겠다는 다짐을 해본다.

나는 이런 좋은 인연들의 응원 속에 적잖은 것을 이루었다. 인생에서 좋은 인연만큼 든든한 조력자는 없는 것 같다. 이런 조력자들은 다름 아닌 가까운 주변 사람들이다. 가까이 있는 이들에게 최선을 다해라. 그들이야말로 우리의 인생을 아름답게 채워주는 보배 같은 존재들이다.

자기절제할 줄 알아야 대과가 없다

공직생활을 하면서 수많은 선배들이 떠나가는 뒷모습을 지켜보았다. 장 · 차관까지 하신 분들은 공식적인 이임식을 갖기 때문에 몇몇 분들의 이임식 장면은 아직도 기억이 난다. 그날의 주인공들이 하셨던 말씀들은 대부분 잊었지만 유독 기억에 남는 단어가 있다. 이임식 때마다 단골처럼 등장하는 '대과(大過)없다'는 말이 그것이다. 거의 예외 없이 "대과 없이 공직을 마치게 돼 다행스럽다"는 말로 이임사를 마친다. 나 역시 그랬다.

대과(大過)란 큰 허물이나 잘못을 뜻한다. 관료나 CEO들이 임기를 마치고 자연인으로 돌아갈 때, 자신이 걸어온 길이나 업적을 돌아보면서 이 말을 자주 사용한다. 물론 스스로를 낮추는 겸양의 의미가 있지만 큰 잘못 없이 임무를 마쳤다는 것에 대한 안도와 다행스러움도 담겨 있다. '유종(有終)의 미(美)'라는 말도 있듯이, 끝이 안 좋으면 중간은 의미가 없기 때문이다.

나는 대과 없이 공직을 마쳤다는 것에 스스로 감사한다. 더 잘할 수도 있었겠지만 과오를 남기지 않은 것에 위안을 삼는다. 돌아보면 그것이 생각만큼 쉽지 않은 일이었다. 공직자가 갖춰야 할 자세를 몇 가지 꼽는다면 성실성, 추진력, 열정, 전문지식, 도덕성 등을 들 수 있겠다. 모두 중요한 덕목임에 틀림이 없다. 그런데 내가 제일 중요하게 여기는 것은 따로 있다. 바로 자기절제(Self-Control)이다. 스스로 돌아보면서 욕심과 사적인 감정을 다스렸기에 큰 잘못 없이 공직을 마무리했다고 본다.

공적인 업무는 객관성과 공정성이 생명이다. 이것을 모르는 공직자는 아마 없을 것이다. 그런데 실제로 그것을 지키는 것이 생각처럼 쉽지 않다. 일하다보면 많은 이해당사자들과 접촉을 하게 된다. 그러다보면 인간적인 관계가 업무적으로도 영향을 미치는 경우가 생긴다. 이해관계에 얽혀져서 업무의 균형감각을 잃게 되는 것이다. 공(公)과 사(私)를 분명히 하고 사리사욕에서 벗어나야 하는데 그러지 못하고 점점 잘못된 방향으로 빠져들 수 있다.

잘 나가던 사람들이 구설수에 올라 중간에 옷을 벗는 경우를 이따금 봤다. 열심히 하다가 뜻하지 않은 소용돌이에 휩싸여 불명예스러운 상황을 맞이하는 경우를 지켜볼 때마다 안타까웠다. 그런 상황은 이처럼 균형감각을 잃을 때 발생한다. 이는 자기절제가 부족해서 생각과 행동의 중심을 잃은 것이다.

공직에 있다 보면 권력의 유혹에 빠질 수 있다. 자리가 높아질수록 자신의 업무 범위가 넓어지고 그에 따른 역할과 권한이 커지기 때문이다. 따라서 국가권력을 빌어 어떤 사람이나 집단에 영향력을 행사하다보면 자신도 모르게 그 맛의 달콤함에 빠져들 수 있다. 마치 자신에게 위임된 공공의 권한을 사유화하고 도깨비방망이처럼 여겨 신분상승이나 부와 명예를 가져다주는 것으로 착각해 남용할 수 있다. 그러다보면 국민 위에 군림하려는 듯이 고압적이고 권위적인 태도로 일관하거나, 부정청탁 및 뇌물수수 등의 불미스런 일로 오명을 뒤집어쓰기도 한다.

그래서 예부터 동서양을 막론하고 모두 자기절제를 강조했다. 자기절제는 인격수양의 기본이었고, 처세법에서도 매우 중요한 요소로 강조되었다. 삼국지에 많은 영웅호걸이 등장하는데 그중에 제갈량과 비교되는 사마의(司馬懿)가 있다. 그는 위(魏)나라의 정치가이자 군략가로 조조를 길들여 삼국을 통일한 처세술의 진수로 불린다. 그의 인생을 들여다보면 그 역시 남들처럼 사심과 잡념 등 인간적인 나약함이 많았지만 자신의 내면 세계를 잘 다스려 천하통일의 대업을 이룩했음을 알 수 있다. 자기통제의 승부사답게 그는 '자신을 이기는 자가 최후의 승자가 된다'는 사실을 행동으로 입증했다.(도서 『자기통제의 승부사 사마의』 참조)

자기절제는 굳은 정신력을 필요로 한다. 행동해야 할 것과 하지 말아야 할 것을 구분하는 것에 그치지 않고 실천할 수 있어야 하기 때문이다. 실행에 옮기는 의지력은 마치 근육처럼 반복적으로 훈련하면 강화될 수 있다. 따라서 인간적으로나 업무적으로 지나침이나 쏠림이 없는지 항상 점검하고 돌아보는 자세가 중요하다.

다른 사람이 대신해서 자기를 지켜줄 수는 없다. 자신만이 자기를 지킬 수 있다. 자기절제야말로 매사를 아름답게 마무리하는 길로 인도한다. 공직에 있든 아니든 모든 인생 후배들이 훗날 자신의 자리를 떠날 때 '대과 없음'에 안도하며 뿌듯해할 수 있으면 좋겠다. 그러면 대과 없이 성공한 인생이 되지 않을까.

반짝이는 아이디어보다 원론적 접근을

어느 조직이든 아이디어가 많은 사람들이 있다. 이들은 머리 회전이 빨라서 상황파악이 신속하고 전략적인 사고에 능숙하다. 그래서 그럴싸한 해결책도 남보다 빨리 잘 내놓는다. 때문에 종종 해결사로 통하고, 가시적인 성과를 금방 만들어 내기도 한다. 당연히 윗분들의 눈에도 잘 띄니 남보다 일찍 승진 가도를 달리기도 한다.

그런데 이런 부류들이 도중에 잘못되는 경우가 종종 있다. 마치 재주 많은 원숭이가 나무에서 떨어지듯이 한순간에 나락으로 떨어지기도 한다. 왜 그럴까? 어떤 사안을 대할 때 원론적으로 접근할 문제를 너무 전략 전술적으로 접근한 탓에 신뢰를 잃어버렸기 때문이다. 이럴 경우 단편적인 처방이나 미봉책으로 지적받아 국민들로부터 정부의 불신을 자초하는 상황이 발생할 수도 있다.

공직생활을 하면서 나는 전략적인 사고를 별로 의식하지 않으면서 일했다. 남들이 깜짝 놀랄만한 아이디어를 찾느라 불필요하게 머리를 쓰지도 않았다. 그럴 시간에 나는 최대한 원론적으로 접근하면서 문제점을 해결하려고 했다. 왜냐하면 반짝이는 아이디어를 찾기보다 문제의 본질을 근원적으로 살펴볼 때 문제점이 훨씬 명확하게 보이고, 해결방법도 분명하게 찾을 수 있다는 것을 많이 경험했기 때문이다. 일례로 산업부가 방사선 폐기물처리 부지선정 건과 대규모 정전 사태(블랙 아웃) 등으로 큰 곤욕을 겪을 때가 있었다. 그런 과정을 지켜보면서 다소 시간이 걸리고 절차가 복잡해도 문제를 원론적으로 접근해 근본적인 해결책을 찾는 것이 중요함을 새삼 느꼈다. 당장의 위기를 모면하려고 근시안적이거나 임시방편적인 시각으로 접근하면 문제는 재발하고, 결국 원점으로 돌아가서 다시 검토해야 하는 상황이 반복될 수 있다.

나는 어떤 문제를 대할 때 생각을 단순하게 가졌다. 정부로서, 그리고 공무원으로서 어떻게 해야 하느냐에 생각을 집중했다. 그럴 때마다 내가 생각의 중심에 둔 것은 국가 차원에서 지향해야 할 큰 틀의 방향성이 무엇이냐 였다. 큰 방향성을 지키면서 그 안에서 실행가능한 정책들을 꼼꼼히 검토하다보면 저절로 해결방향이 제시되곤 했다. 물론 내가 늘 최선의 해결책을 제시했다는 얘기는 아니다. 적어도 원론적으로 접근해 현장 중심의 해결책을 찾다 보니 일처리에 실수가 적었다는 것이다. 30년 넘는 공직생활에서 크게 잘못된 일이 없었다.

원론적인 접근은 얼핏 고지식해 보인다. 어떤 정책이나 대안이 현실성이 떨어져 보일 때 "원론적인 얘기만 되풀이 한다"고 한다. 이럴 때는 무사안일로 느껴진다. 그런데 이는 오해이다. 원론적인 사고는 문제의 핵심을 관통해 본질에 접근하는 방식이다. 따라서 이런 접근법이야말로 어떤 문제를 근본적으로 해결하는 최선책이다.

적절한 예시가 되는지 모르겠지만 레고(LEGO)의 재기도 원론적인 접근에서 해답을 찾은 경우가 아닐까. 블록 장난감으로 전세계적으로 큰 성공을 거둔 레고사는 컴퓨터 게임이 등장하면서 불황을 겪게 되었다. 그래서 게임산업에 뛰어들기도 하고, 아이들이 더 쉽게 갖고 놀 수 있는 장남감도 만들어보았지만 결과는 참패였다. 돌파구를 찾으려고 컨설팅을 받으니 "아이들이 무슨 장난감을 좋아하는가?"가 아니라 "아이들은 왜 노는가?"에 주목하라는 조언을 들었다. 그래서 '장난감'이 아닌 '아이들'을 관찰해보니 아이들은 쉬운 놀이보다 오히려 어려운 놀이에서 성취감을 느낀다는 사실을 발견했다. 이에 어른들도 함께 즐길 수 있는 복잡하고 시간을 요하는 제품들을 새로 출시했는데, 이것이 제2의 레고를 만든 재기 비결이다.

레고사는 이처럼 원론적인 접근을 통해 새로운 통찰을 얻었다. 도구 자체보다 그것을 사용하는 사람에게 주목했다. 그럴 수 있었던 것은 그들이 '무엇(What)'에서 '왜(Why)'로 질문을 바꿨기 때문이다. '무엇'이 도구적인 관점이라면 '왜'는 원론적인 관점이다. 이렇게 관점을 바꾸니 주목하는 대상도 도구에서 사람으로 옮겨져 질문도 "어떤 장난감이 잘 팔리는가?"에서 "어린이는 왜 놀이를 즐거워하나"로 바뀌었다. 바뀐 질문 하나가 레고의 미래를 바꾸었다. 레고의 부활은 장난감이라는 '도구'를 '놀이'라고 하는 인간의 행위와 연관시켜 접근한 근원적인 물음이 혁신적인 제품을 탄생시킨 대표적인 사례라고 할 수 있다.

원론적인 접근은 기발한 묘책을 찾기보다 문제의 본질에 충실해 최선의 방책을 찾는 것이다. 비록 눈길을 끄는 비책은 아니어도 어떤 조직이나 사회를 먼 미래로 인도하는 든든한 방향타 역할을 한다.

여담인데 공직사회에 세 부류가 있다. 아주 뛰어난 사람, 보통인 사람, 뒤떨어지는 사람이 있는데, 이 중에서 두 번째 부류가 성공할 확률이 가장 높다고 한다. 첫 번째 부류는 눈에 두드러지는 점들이 많아 남보다 승진도 빠르지만 너무 약삭빠르고 설쳐대는 모습으로 보여 그만큼 부정적인 평가도 받기 쉽다. 이에 반해 두 번째 부류는 특별히 뛰어난 점이 없어 보여 처음엔 잘 드러나지 않지만 업무처리가 항상 신중하고 깊이가 있으며, 추진력까지 겸비하고 있어 시간이 갈수록 주변으로부터 큰 신뢰를 받는다.

원론적인 접근은 정공법을 택하는 것이다. 비록 더디지만 멀리, 오래 가는 길을 찾는 방법이다. 문제를 깊고 큰 시각으로 바라보면서 해결책을 찾고자 힘써라. 그러면 주변에서도 그것의 진면목을 알아보게 되고, 그 사람에 대한 평가도 저절로 좋아질 것이다.

무·한·도·전

나는 본래 말하는 것보다 듣는 걸 더 좋아한다. 차관까지 지내고 이어 KOTRA 사장을 하다 보니 공식석상에서 이런저런 스피치를 하거나 업무지시를 해야 할 경우가 많다. 그럴 때를 빼고 사석에서나 지인들을 만날 때는 주로 남들이 하는 얘기를 듣는 편이다. 그러다보니 과묵하다는 얘기를 평소에 자주 들었다.

나는 좌중을 휘어잡을 만한 언변이 없고 그런 것에 관심도 없다. 평소에 말할 때나 글을 쓸 때도 포장하거나 미사여구를 쓰는 것을 좋아하지 않는다. 보고서를 검토할 때도 그렇다. 얼마나 논리적이고 체계적으로 작성되어 메시지가 분명하게 전달되는지를 중심으로 본다. 논리적이지 못해 설득력이 떨어지면서 분량만 늘려놓은 보고서는 딱 질색이다. 더 이상 담을 내용이 없으면 반쪽짜리 보고서도 무방하다. 물론 오 · 탈자는 없어야 하고, 서체나 양식은 통일성을 갖추어야 한다. KOTRA 사장으로 오자마자 이런 내용의 보고서 작성 지침을 만들어 공유하도록 했다. 보고서야말로 개인과 조직의 역량을 가늠하는데 가장 기본이 되기 때문이다.

그런데 좋은 보고서를 만드는 것이 생각처럼 쉽지 않다. 사무실에 앉아서 아무리 머리를 짜낸다고 해서 좋은 보고서를 쓸 수 없다. 현장을 정확히 이해하고 있지 못하면 좋은 보고서는 불가능하다. 특히 정부 정책을 수립하고 집행해야 하는 공무원에게는 현장의 목소리를 많이 들어야 한다. 그래야 제대로 된 정책을 세울 수 있고, 그것이 효력을 발휘할 수 있다. 그러지 못하면 탁상행정이 되기 쉽다.

흔히 "현장에 답이 있다"는 말들을 많이 한다. 공공기관장이나 기업의 CEO들이 가장 많이 강조하는 것도 현장경영이 아닐까 싶다. 그만큼 현장을 이해하는 것이 경영의 기본이기 때문이다. 나 역시 누구 못지않게 현장의 중요성을 강조해왔다.

공무원 시절, 나는 가급적 많이 현장의 의견을 청취하려고 노력했다. 아무리 바빠도 보름에 한번은 간담회나 기업체 방문 등을 통해서 현장의 애로사항을 듣고자 했다. KOTRA 사장 때도 마찬가지였다. 국내외 무역현장을 번갈아 오가면서 기업들이 겪고 있는 어려운 점들을 귀 담아 듣고 해결해 주고자 힘썼다.

현장은 자주 다녀볼수록 진면목이 보인다. 넥타이 차림의 사무실에서는 느

현장경영은 아무리 강조해도 지나치지 않다.
기업들이 현장에서 겪는 어려움은 상상 이상으로 많다.
그러므로 할 수 있는 모든 노력을 기울여 정부는
기업들을 도와주어야 한다.

낄 수 없는 진한 땀 냄새와 거친 숨결이 있고, 수많은 성공과 실패의 숨은 얘기들이 그 안에 담겨 있다. 어떤 중소기업 사장님들과 대화를 나눠보면 좋은 기업을 만들기 위해서 얼마나 애쓰는지 감탄하게 된다. 기술개발을 위해서 고군분투하고, 사업목표를 달성하기 위해서 밤낮없이 뛰는 모습을 보면 애국자라는 탄성이 저절로 나온다. 무슨 도와줄 일이 없느냐고 물어도 별로 없다면서 정부에 고마움부터 표시한다.

반면에 어떤 중소기업인들은 정부에서 모든 걸 해줘야 한다는 식으로 요구하기도 한다. 이런 부류를 만나면 솔직히 좀 답답하다. 그렇다고 얘기를 안 들어주면 현장 방문의 의미가 없다. 정부의 역할은 이러저러하고, 기업이 요구할 수 있는 영역에는 어떠어떠한 것들이 있으니, 제도나 네트워크 등을 통해서 도움을 받을 수 있도록 안내해 준다. 그러면서 기업이 우선적으로 노력을 하고, 정부는 부족한 부분을 채워주는 역할을 한다는 점을 설명해 주고, 재원 부족과 국제규범 등 현실적인 문제들도 알려준다. 인식 부족으로 대화가 잘 되지 않더라도 상대방을 이해시키려는 노력이 굉장히 중요하다. 반복해서 얘기를 해주면 대부분 알아듣고 태도도 바뀐다. 이는 일종의 정부정책과 현장의 괴리를 줄여 나가는 과정이다.

어떤 경우든지 현장에 가면 경청(敬聽)하고 들어야 한다. 물론 당장 해결해 줄 수 없는 것들이 많고, 어떤 문제들은 제도상 해결이 불가능한 것들도 있다. 그런데 최선을 다해서 노력을 하다보면 해결되는 일들이 많다. 제도가 어떻다고 해도 결국은 사람이 하는 일이기 때문에 설득하고 이해하는 과정을 반복하다보면 해결책도 나온다. 설령 해결해 줄 수 없는 문제들은 안 되는 이

유를 설명하면서 피드백이라도 충실히 해주면 기업들은 고마워한다.

KOTRA에서도 적잖이 현장경영을 했다. 매년 전국의 서비스자문단 초청 간담회를 비롯해 지방을 순회하면서 수출애로 간담회를 다수 개최했다. 중소기업들은 저마다 고충을 토로하면서 도움을 청했다. 좀 더 유용한 해외시장 및 상품 정보를 제공해 달라, 무역사절단 파견이나 수출상담회 때 유력 바이어를 연결해 달라, 해외인증 및 인허가에 대한 구체적인 정보 제공이 아쉽다, 언어장벽 문제를 해결해 줄 도움이 필요하다는 등 중소기업들이 현장에서 접하는 각양각색의 어려움들이 가감 없이 쏟아졌다. 때때로 사장으로서 듣기 거북한 얘기들도 있어 낯이 뜨거워지기도 했다.

이런 고질적인 불만들을 대하면서 고객 서비스를 공급자가 아닌 수요자의 입장에서 하도록 많은 변화를 꾀했다. 또한 단편적 · 일회성 지원에서 패키지형 · 지속적 지원으로 서비스를 혁신하려는 노력을 부단히 기울였다. 그러면서 직원들에게도 기회 있을 때마다 고객만족의 중요성을 강조했다.

"고객의 애로를 해소해주는 일에 90점짜리는 의미 없습니다. 작은 구멍 하나가 제방을 무너뜨릴 수 있으므로, 단 1%의 불만도 발생하지 않도록 완벽한 서비스를 제공해야 합니다."

이렇게 현장경영을 강조하고 고객만족을 위해 노력한 결과, 재임기간 동안 KOTRA는 공공기관 고객만족도조사(PCSI)에서 3년 연속 S등급을 받았다.

현장경영은 아무리 강조해도 지나치지 않다. 그리고 기업들이 현장에서 겪는 어려움은 상상 이상으로 많다. 따라서 할 수 있는 모든 노력을 기울여 정부는 기업들을 도와주어야 한다. 아무리 최선을 다해 도와주어도 기업 입장에서는 늘 부족하고 아쉬울 수밖에 없기 때문이다.

이청득심(以聽得心)이라고 했다. 경청하면서 다가가면 상대방의 마음을 얻을 수 있다. 나는 공직생활을 하면서 가능한 많이 현장을 방문하면서 그들이 겪는 어려움을 듣고 공감하고자 했다. 그러면서 최선을 다해 기업들을 도와주려고 노력했다. 이런 마음을 담아 KOTRA 직원들과 자리를 할 때 '무한도전'이라는 건배사를 즐겨 쓰고 있다. 아는 대학후배가 오랫동안 인기를 끌고 있는 TV 예능 프로그램의 이름을 따서 만든 건배 구호인데, 내가 그 내용을 KOTRA 조직에 맞게 좀 바꾼 것이다. 건배사를 소개하면 이렇다.

무 : 무조건

한 : 한없이

도 : 도와주자

전 : 전화오기 전에

가끔은 거꾸로 보고, 뒤집어 보자

나는 거의 매일 올림픽공원을 산책하면서 하루를 시작한다. 이른 새벽 청량한 공기 속에 건강을 다지면서 하루를 설계한다. 공원 산책길은 2.4km의 몽촌토성길 코스와 3.2km의 외부 코스가 있다. 물론 공원의 외곽을 따라 더 크게 한 바퀴를 도는 코스도 있다.

어느 코스든 계절마다 시시각각 변하는 자연의 풍경을 만끽할 수 있어서 좋다. 걷다보면 수많은 식물과 나무들로 어우러진 숲을 만나고, 그 숲을 고요히 비추는 호숫가를 지나며, 탁 트인 너른 잔디밭도 대한다. 토성길을 따라 걷는 운치는 자연 속에서 역사의 흔적을 더듬어보는 맛까지 느끼게 해준다. 도심에서 이만한 호사를 누리기도 쉽지 않은 것 같다.

나는 주로 외부 코스를 택해서 돈다. 그러다가 가끔 몽촌토성길을 돌기도

하는데, 워낙 많이 다녀서 눈을 감고도 걸을 수 있을 만큼 지형과 풍광이 익숙하다. 그래서일까. 이따금씩 나는 반대 방향으로 걷는다. 일종의 궤도 이탈을 시도하는 것이다. 그러면 익숙함은 대번에 낯설음으로 변한다.

산책 코스 하나 바꿔보면서 새삼 깨닫게 되는 것들이 많다. 코스를 바꾸면 산책의 시작과 끝이 서로 뒤바뀐다. 출발선이 반대로 도착점이 된다. 도착점에서 출발하다 보면 낯선 길을 가듯 마음가짐부터 새롭다. 걷다보면 평소에 걷던 내리막길은 오르막길이 된다. 늘 편안한 호흡으로 내려 걷던 길을 숨 가쁘게 오르다 보면 인생의 선택이 얼마나 중요한지 느끼게 된다.

어떤 선택이냐에 따라 내리막과 오르막이 뒤바뀔 수 있다. 어떤 선택은 힘겨운 오르막길로 내몰고, 또 어떤 선택은 편안한 평지나 내리막길로 인도한다. 그로 인해 희비가 엇갈리기도 한다. 그런데 멀리 보면 인생은 오르막과 내리막의 연속이므로 일희일비하지 말아야 한다는 생각이 든다. 오르막길은 비록 힘은 들지만 그것을 피하지 않아야 정상에 도달할 수 있고, 그래야 편안한 내리막길도 밟을 수 있다. 마찬가지로 내리막을 걸을 때도 다가올 오르막을 미리 대비해야 다시 높은 곳을 향해 오를 수 있다는 평범한 진리를 새삼 깨닫는다.

반대 코스를 택해 걷다보면 해가 뜨는 모습도 반대편에서 접한다. 매번 앞모습만 대하던 건물들은 뒷모습이 먼저 보인다. 평소에 잊고 지내거나 볼 수 없었던 우리 삶의 뒤안길을 보는 것 같아 마음이 숙연해지기도 한다. 그러면서 저절로 역지사지를 떠올리게 된다. 평소 생각하는 습관은 물론 사물을 바라보는 시각과 일하는 자세 등을 뒤집어 보고 돌아보게 한다.

역지사지는 상대방의 입장에서 생각하는 것이다. 따라서 그런 사람이 많을수록 시민의식이 높은 선진사회이다. 지금 우리 사회에 '갑질'이 주요 문제가 되고 있어 우려스럽다. 우월적 지위를 악용해 타자의 입장을 헤아리지 않고 약자에게 횡포를 부리는 행태가 사회 곳곳에 만연해 있다. 이 역시 역지사지가 해결의 출발점이다.

늘 고정적인 시각으로 사물을 보면 한쪽 방향만 보게 된다. 사고의 절름발이가 되어 반대 상황에 대해서는 전혀 알지 못할 수 있다. 상대방 입장에서 바라봐야 비로소 진면목을 알 수 있다. 따라서 공급자라면 항상 수요자의 입장에서 보도록 해야 한다. 그래야만 수요자의 니즈를 정확히 파악해 부단히 좋은 방향으로 발전할 수 있다.

이런 역지사지는 수요자에게도 요구된다. 일례로 우리는 정부 정책에 대해 수요자의 입장에서 비판적일 때가 많다. 어떤 정책이 당장 피부에 와 닿지 않는다고 느끼거나, 자신에게는 혜택이 돌아오지 않는다고 여겨 불만을 표시하고 불신하기도 한다. 그런데 모든 국민을 고려해야 하는 정부 입장도 헤아려 보면서 이해하고자 하는 열린 마음이 요구된다. 뿐만 아니라 노사는 물론 기업과 소비자, 대기업과 중소기업, 상사와 부하 등의 관계에서도 마찬가지다. 남 탓으로만 돌리고 나를 돌아보지 않으면 갈등과 대립이 무한정 반복될 수밖에 없다. 상대방을 내가 먼저 배려해야 서로 양보하고 상생하는 사회가 될 수 있다.

가끔은 거꾸로 보고 뒤집어 보자. 그래야 무의식적으로 한 쪽으로 기울어져 있는 생각이나 행동의 중심을 바로잡을 수 있다. 고정관념이 많거나 생각의 틀을 바꿔보고 싶다면 평소의 산책길을 반대방향으로 걸어보라. 그것만으로도 세상이 달라 보일 것이다.

인생은 새옹지마

중국의 변방 지역에 한 노인이 살고 있었다. 어느 날, 노인이 기르던 말이 국경을 넘어 오랑캐 땅으로 도망쳤다. 이에 이웃들이 위로하자 노인은 "이게 복이 될지 누가 압니까?" 하며 실망하지 않았다. 그로부터 몇 달이 지난 뒤 도망쳤던 말이 암수 한 필을 데리고 돌아왔다. 이에 이웃들이 노인에게 축하하자 노인은 "이게 화가 될지 누가 압니까?" 하며 기쁜 내색을 하지 않았다. 며칠 후 노인의 아들이 그 말을 타다가 떨어져 다리가 부러졌다. 이에 이웃들이 다시 위로하자 노인은 "이게 복이 될지 누가 압니까?"하며 실망하지 않았다. 얼마 후 오랑캐가 침략해와 젊은이들이 전쟁터로 나가게 되었는데 노인의 아들은 다리가 부러진 까닭에 나가지 않게 되었다.

우리가 잘 알고 있는 고사성어 새옹지마(塞翁之馬)에 얽힌 이야기다. 동화 같은 짧은 이야기가 인생의 정곡을 찌른다. 이 경우처럼 세상에서 일어나는 일들은 복이 화가 되기도 하고, 화가 복이 되기도 한다. 그래서 눈앞에 벌어지는 결과에만 연연하지 말고 멀리 보는 것이 중요하다.

누구든 살면서 이런 비슷한 일들을 겪어봤을 것이다. 나도 그렇다. 인생을 살아오면서 이 교훈을 떠올리게 되는 경우가 많았다. 이만큼 큰 울림을 주면서 공감하게 하는 말도 많지 않은 것 같다.

1997년에 산업부 법무담당관으로 일할 때였다. 당시는 임창열 장관(이후 부총리 겸 재정경제원 장관, 경기도지사 등을 거쳐 현재 킨텍스 사장으로 일하고 계신다), 한덕수 차관(대통령 비서실 경제수석, 경제부총리 겸 재정경제부 장관, 국무총리, 한국무역협회 회장 등을 거쳐 현재 기후변화센터 이사장으로 일하고 계신다)시절이었다. 어느 날 한 차관께서 나를 부르더니 수출과장을 시키려고 하니 준비하라고 했다. 뜻밖의 얘기에 나는 깜짝 놀랐다. 왜냐하면 당시 수출과장 자리는 산업부에서 핵심 과장으로 꼽히는 자리이기 때문이었다. 그때 본부에는 과장급으로 행시 26회에서는 나 혼자만 있었고, 25회 선배 기수는 대부분 승진해서 외부에서 파견근무를 하고 있었다. 이런 상황에서 선배 기수가 아닌 나를 수출과장 자리에 앉힌다니 당혹스럽지 않을 수 없었다. 아무리 봐도 나로선 아직 때가 아니었던 것이다.

결론적으로 말해 그런 일은 일어나지 않았다. 한 차관께서 짠 인사안을 임 장관에게 보고하니 "이제 1년 정도 일했으니 좀 더 해도 되겠네"라고 하면서 나를 그대로 유임시켰다고 전해들었다. 임 장관은 재무부 출신이어서 법무담당관의 역할을 상당히 중요하게 여기셨던 것 같다.

이런 결과에 오히려 나는 다행이라고 생각했다. 남들이 보기에 수출과장이 되면 참 대단하다고 느꼈을 것이다. 반면에 그대로 하던 일을 하게 되었으니 안 되었다고 여길 수도 있을 것이다. 솔직히 나도 남들한테 주목 받는 그 자리가 탐나지 않은 것은 아니었다. 그런데 나는 다음에 더 좋은 기회가 있을 것이라고 여기면서 마음을 가다듬었다.

그해 9월, 이로 인해 나한테 새로운 기회가 찾아왔다. 해외 파견 자리가 생겨 지원을 했는데, 운 좋게 그 기회를 잡은 것이다. 그리고 얼마 후 공교롭게도 외환위기 사태가 벌어져 국가적으로 위기를 맞았고, 외화를 벌어들이느라 수출과 투자유치 담당부서가 상당한 고생을 해야 했다. 말 그대로 새옹지마 같은 상황이 벌어진 것이다.

1997년 12월, 나는 가족과 함께 캐나다로 해외연수를 떠났다. 만약에 수출과장을 맡았더라면 그 상황에 얼마나 힘들고 어깨가 무거웠을까……. 결국 인사는 당시 상황으로만 판단하면 안 된다는 것을 그때 절감했다. 인생을 살면서 눈앞에서 벌어지는 결과에 일희일비하지 말아야 한다는 것을 깊게 깨달았다.

캐나다에서 보낸 2년간의 연수 기간은 개인적으로나 가족들한테도 좋은 시간이었다. 경제연구소(Conference Board of Canada) 파견이어서 캐나다 및 선진국들의 다양한 산업정책 사례들을 공부하면서 견문을 넓히는 기회가 되었다. 무엇보다 가족들과 함께 보내는 시간이 많아서 좋았다. 당시 아내는 대학원 석사 과정을 밟느라 많이 바빴다. 그래서 내가 아내를 대신해서 아

미국과 캐나다에서 보낸 유학과 해외연수 기간은
개인적으로나 가족한테도 좋은 시간이었다.
무엇보다 가족들과 함께 보내는 시간이 많아서 좋았다.
위 사진은 미국 마운틴 러시모어의 큰 바위 얼굴,
아래 사진은 세계 10대 절경 중 하나인 캐나다의 레이크 루이스.

이들과 많이 놀았다. 애들이 초등학교 5학년과 3학년이라 손이 많이 갈 때였는데, 겨울에는 가끔 애들을 데리고 시내를 관통하는 리도 운하에 가서 오래도록 스케이트를 탔고, 거실에 텐트를 치고 캠핑놀이를 하기도 했다.

오타와에서 생활하는 동안 시간이 나면 가족여행도 많이 했다. 몬트리올, 퀘벡을 거쳐 캐나다의 동쪽 끝에 해당하는 노바스코샤와 프린스에드워드 아일랜드(L.M 몽고메리가 쓴 소설 〈빨간머리 앤〉의 배경이 된 섬이다)를 다녀오기도 했고, 토론토, 나이아가라 폭포를 거쳐 보스톤, 뉴욕, 워싱턴 D.C 등 미국 동부를 여행하기도 했다.

특히 여름방학 기간에는 한 달 동안 가족과 북미 대륙 횡단여행을 했다. 7~8인승 밴을 렌트해서 오타와에서 출발해서 유학생활을 했던 매디슨을 거쳐 옐로스톤국립공원, 마운틴레니어 국립공원, 시애틀, 밴쿠버, 캐나다 로키산맥(밴프, 재스퍼국립공원), 캘거리를 거쳐 다시 오타와로 돌아오는 여정이었다. 그렇게 횡단여행을 다니면서 야영지에서 텐트를 치고 자거나 모텔에서 묵기도 하면서 즐거운 추억을 많이 만들었다. 돌아보면 그 시절이 가족과 제일 많은 시간을 보낸 때인 것 같고, 애들도 그때를 많이 기억하면서 그리워한다. 캐나다에 있는 동안 아내는 석사 과정을 마쳤고 이후 한국에 돌아와서도 공부를 계속해서 박사학위를 받았다. 그리고 애들은 영어를 배울 수 있는 좋은 기회였으니 가족들의 미래를 위해서도 더없이 유익한 시간이었다.

이후로도 나는 공무원 생활을 하면서 새옹지마 같은 상황을 여러 번 겪었고, 그때마다 많은 교훈을 얻었다. 특히 승진이 뒤처지거나, 인사발령이 마음에 들지 않으면 누구나 실망하기 쉽다. 그런데 초반에 겪는 어려움이 전화위복이 되어 이후에 오히려 도움이 되는 경우가 있다. 따라서 당장 눈앞에 보이는 것에 이끌려 판단하지 말고 멀리 보면서 묵묵히 최선을 다하는 자세가 중요하다고 생각한다.

인생은 새옹지마다. 짧은 안목에서 벗어나 멀리 보라. 그러다보면 처음엔 장애물로 여겨지던 것들이 오히려 디딤돌이 되고 지렛대가 되어 자신을 더욱 높은 곳으로 이끌 것이다.

소통하고 협업하라

내가 KOTRA 사장으로 있으면서 가장 강조한 말 중에 하나를 꼽으라면 무엇일까. 그건 아마도 '소통'과 '협업'이 아닐까 싶다. 왜냐하면 소통하고 협업하지 않으면 어떤 일도 원하는 성과를 얻기 힘들기 때문이다. 소통과 협업이야말로 도움을 주고받으면서 살 수밖에 없는 사회적 동물인 인간에게 가장 중요한 생활방식이라고 할 수 있다.

소통과 협업 중에서 우선되는 것은 소통이다. 소통 없는 협업은 불가능하기 때문이다. 소통은 당연히 내부 구성원 간에 먼저 이루어져야 한다. 그래야 외부와의 소통이 가능해지고, 나아가 협업도 할 수 있다. 그런데 이것이 생각만큼 쉽지 않다. 우리 사회가 종종 '소통 부재'로 어려움을 겪고 있는 것을 봐도 그렇다.

KOTRA에서 내가 소통을 유독 강조한 데에는 그만한 이유가 있다. KOTRA 직원들은 국내와 해외 무역관을 번갈아가면서 근무한다. 보통 3~4년씩 순환근무를 하기 때문에 직원들끼리 잘 모르고 지내는 경우가 많다. 서로 국내와 해외로 근무지가 엇갈리다 보면 7~8년 정도 얼굴 한번 보지 못할 수 있다. 이런 상황에서는 내부 직원들 간의 소통도 쉽지 않다.

어떻게 하면 소통을 활성화할 수 있을까. 취임하자마자 나는 이 문제부터 고민했다. 직원들에게 '만남의 장'을 마련해주는 것이 필요하다고 생각했다. 그래서 딱딱한 월례조회 대신에 직원들이 함께 만나고 대화하는 월례전체모임을 운영하기로 했다. 이에 기존의 엄숙한 조회 방식에서 벗어나 직원들이 원하는 주제에 맞춰 연사를 초청해 강연을 듣고 함께 토론도 하면서 서로에 대해 알아가는 만남의 자리를 제공했다.

첫 월례전체모임은 취임 다음 달인 2월에 열렸다. 첫 연사는 삼진어묵의 박용준 실장이었다. 그는 변화와 혁신을 추구해 제과점 형태로 어묵을 진열하고 공장 내부를 소비자들이 볼 수 있게 개방형으로 바꾸었다. 이를 통해 어묵이 지저분하고 비위생적일 것으로 생각하는 일반인들의 상식을 깬 청년 기업인이다. 공식 석상에 처음 서는 사람답게 그의 강연은 매우 신선하고 혁신적이어서 직원들로부터 큰 갈채를 받았다. 강연 후에는 연사와 패널 간의 자유 토론이 이어졌고, 해외 근무를 마치고 복귀한 선배들이 경험담을 들려주는 토크쇼도 열렸다.

이후로도 월례전체모임은 직원들의 큰 호응 속에 열렸다. 매달 관심을 끌만한 새로운 주제에 맞춰 연사가 등장해 직원들에게 유익한 강연을 하고, 질의응답이 이어졌다. 당연히 직원들의 참석률도 높아졌고, 화기애애한 분위기에서 상하를 막론하고 직원들 간에 소통과 화합을 다지는 자리가 되었다. "월례전체모임이 기다려진다"는 말이 나올 정도로 직원들의 반응이 매우 좋았다. 이후 월례전체모임은 시간을 다소 단축해 운영되고 있지만 여전히 직원들의 소통을 위한 만남의 장이 되고 있다.

월례전체모임 말고도 새로운 변화가 하나 더 생겼다. 매월 열리는 확대간부회의가 그것이다. 종전에는 주요 실 · 단장급만 참석하던 회의에서 벗어나 팀장급 간부 전원이 한자리에 모여 주요 경영현안을 허심탄회하게 논의하고 공유하는 장이 되도록 했다.

이런 변화는 내부 구성원 간의 소통 활성화에 적잖은 기여를 했다. 소통은 우리 몸의 혈관과 같다. 혈관이 막히면 살 수 없듯이 회사도 구성원 간에 소통이 이뤄지지 못하면 죽은 조직과 다름없다. 소통이 잘 되는 조직을 만들려면 최고경영자의 솔선수범이 중요하다. 그것이 소통의 첩경이라고 생각한다.

소통이 잘 되는 조직은 대외적인 협업도 활발하다. 나는 내부 구성원 간의 소통을 강조하는 동시에 정부 및 유관기관들과의 '개방형 협업'에 앞장섰다. 취임하자마자 나는 '협업 전도사'를 자임하고 유관기관장들을 잇따라 만났다. 한국무역협회, 중소기업진흥공단, 농수산물유통공사, 무역보험공사, 수출입은행 등의 기관장들을 만나 협업을 강화하자고 먼저 제안했다.

엄숙한 조회방식에서 벗어나 직원들이 원하는 주제에 맞춰
연사를 초청해 강연을 듣고, 함께 토론도 하면서 서로에 대해 알아가는
만남의 자리를 제공했다.

내가 협업하자고 팔을 걷어붙인 것은 너무 당연한 일이었다. 우리 중소·중견기업들의 해외진출을 확대하려면 KOTRA가 제공하는 정보조사나 마케팅 지원만으로는 불가능하다. 자금, 기술, 인력 등에 대해 유관기관들이 보유하고 있는 기능들을 함께 제공해야 효과가 있다. 그래야만 KOTRA가 비전으로 삼고 있는 '글로벌 비즈니스 플랫폼'의 역할도 제대로 수행할 수 있다.

KOTRA는 글로벌 비즈니스 플랫폼을 지향한다. 플랫폼의 개념은 기차역과 백화점 등 일상에서 쉽게 만날 수 있다. 이곳에서는 다양한 비즈니스 주체가 연결되고 거래까지 이루어진다. 우리가 흔히 사용하는 구글 검색이나 아이폰 앱스토어 등은 플랫폼 전략으로 성공한 대표적 사례이다. 구글의 플랫폼으로 광고주와 잠재 고객이 만나고, 아이폰의 앱스토어는 개발자와 소비자를 연결해 준다.

이런 플랫폼 전략이 주목받는 것은 개방성과 확장성이 크기 때문이다. 전통적인 비즈니스 방식이 물건을 만들고 파는 단기적 수익 모델이라면 플랫폼 모델은 기업 생태계를 조성해 그 안에서 비즈니스가 일어나도록 하는 중장기적 모델이다. 따라서 플랫폼 모델에서는 비즈니스의 진화 속도에 따라 폭발적인 성장도 가능하다.

KOTRA도 이런 플랫폼 전략을 추구하고 있다. 전세계 86개국 127개 무역관은 중소기업의 글로벌 생태계를 조성하는 역할을 하고 있다. 해외 무역관 직원들이 플랫폼을 설계하고 운영하고 관리하는 주체가 되어 중소기업을 위한 해결책을 제시하고 만족감을 느끼게 해야 한다.

우리 중소 · 중견기업들의 해외진출을 확대하려면
수출유관기관들과의 협업이 필수적이어서 재임 기간 동안 개방형 협업에
매우 적극적으로 나섰다.

그런데 이런 역할을 KOTRA 혼자서 할 수가 없다. 플랫폼은 협업해야 제대로 작동할 수 있다. 따라서 유관기관들과의 협업이 필수적이다. 그런데 개방형 협업이 말처럼 쉽지는 않았다. 기관장들을 만나보면 협업의 필요성에 모두 공감했다. 하지만 실무자 선에서는 기존의 관행처럼 일하려는 습성이 많았다. 예산이나 대외적 평가 등을 이유로 협업에 부정적인 경우도 있었다.

진정한 협업을 위해서는 배려와 인내가 요구된다. 자신을 먼저 드러내려고 하면 안 되고 항상 상대방을 배려해야 한다. 실무 차원에서 협의체를 구성해 협업과제를 발굴하고 협력을 이행하면서 성과를 공정히 나누고 상대방의 입장을 충분히 고려하는 자세가 요구된다. 또한 기본적인 합의사항에 대해서는 이행 여부를 상시적으로 점검하는 인내심도 필요하다.

재임기간 동안 나는 개방형 협업을 통해 원스톱 서비스를 제공하는 기반을 다지기 위해 최선을 다해 뛰었다. 정부부처를 비롯해 수출유관기관, 각종 유관단체 및 협회 등의 대표자들을 수없이 만나면서 협업을 확대하고자 했다. 그 결과 수많은 협업과제들이 시행되면서 중소 · 중견기업들의 글로벌 경쟁력을 높이는데 기여하고 있어 보람을 느낀다.

우리 경제를 살릴 돌파구는 해외와 중소기업에 있다고 본다. KOTRA가 전 세계에 구축해 놓은 글로벌 비즈니스 플랫폼을 도약대로 삼아 우리 중소 · 중견기업들이 해외시장으로 쭉쭉 뻗어나가도록 개방형 협업이 더욱 확대되길 기대한다.

이분법적 사고에서 벗어나라

돌이켜보면 우리 사회는 교육제도부터 문제가 있었다. 그동안 우리나라 교육은 O, X의 정답 찾기에만 너무 몰두해 온 것 같다. 그런 탓에 사회 전체가 이분법적으로 나누는 사고에 익숙해져 있다. 선과 악, 찬성과 반대 등 어느 한 쪽의 선택을 강요받는 경우가 많다.

그런데 실제 현실은 어떤가. 이분법은 논리적으로 명쾌해 보이지만 현실성이 없다. 세상은 양자택일하듯이 간단치 않으며, 다원적인 가치로 얽히고설켜 움직인다. 따라서 흑백논리에서 벗어나 다양한 사고와 개별적인 의사가 존중되는 사회가 되어야 한다.

나는 직원들에게 기회가 있을 때마다 이분법적 사고에서 벗어나라고 말했다. 그만큼 조직 내부에도 이분법적 사고의 잔재들이 많아 업무 효율을 방해하기 때문이다. 중소기업의 해외진출이라는 본연의 업무를 하면서 국내 문제와 해외 문제를 분리해서 생각하는 직원들이 있다. 뿐만 아니라 국내 문제에는 별로 관심이 없고 연관성도 갖지 않으려고 하면서 주어진 지원사업에만 집중하려는 해외 무역관들도 있다.

이런 이분법적 사고는 과거 중소기업 지원의 기능 조정에서 연유한다. 정부는 2008년에 중소기업 지원업무의 효율화를 위해 국내는 중소기업진흥공단이, 해외는 KOTRA가 각각 맡도록 이원화했다. 그런데 이는 기관별로 핵심기능을 제대로 발휘하지 못하게 하는 족쇄가 되었다. 논리적으로는 명쾌해 보이지만 현실성이 부족했던 것이다.

세상 일은 두부 모 자르듯 되지 않는다. 한 예로 무역사절단을 파견할 때조차도 국내와 해외가 유기적으로 손발을 맞춰야 한다. 상품성 있는 제품과 바이어의 정보 등을 해외에서 파악해 국내로 제공해 주어야 한다. 그래야 국내에서는 시장 환경에 적합한 기업을 선정해 파견하고, 바이어 매칭도 제대로 이루어져 성과를 높일 수 있다.

이제는 편 가르기 식의 업무관행이 차츰 해소되고 있어 다행스럽다. 지방무역관의 폐쇄로 국내 기업을 접촉하던 손발이 끊겼던 KOTRA는 2013년부터 지방중기청 수출지원센터 안에 지방지원단을 설치, 운영해오고 있다. 현재 총 11곳에 마련된 지방지원단은 무역보험공사, 신용보증기금 등 유관기관들과 함께 입주해 지방 중소기업들의 해외진출을 돕고 있다.

하지만 아직 갈 길이 멀다. 수출을 하고 싶어도 방법을 몰라 고민하는 중소기업들이 주변에 많다. 이들을 위해 수출 유관기관들 간에 벽을 허물고 힘을 합쳐야 한다. 이분법적 사고에서 빨리 벗어날수록 중소기업의 해외진출이 수월해진다.

이분법적 사고에서 벗어나는 것은 국가 차원에서 국민통합을 앞당기는 길이기도 하다. 우리나라는 지난 반세기만에 기적에 가까운 경제성장을 이루어 내 찬사를 받았지만 경제 및 소득 양극화 등으로 사회갈등이 심화되고 있다. 뿐만 아니라 정치적으로는 보수와 진보의 갈등이 심하고, 지역감정도 수그러들지 않고 있으며, 노사 간의 갈등은 산업경쟁력을 떨어뜨리는 핵심요인으로 지목되고 있다. 이처럼 사회 각 분야에서 대립과 갈등의 골이 깊어지면서 네 편 내 편 식의 편 가르기처럼 접근하는 이분법적 사고도 만연해 있다.

이런 이분법적 사고는 구성원 간의 신뢰형성을 가로막는다. 사회 갈등이 심화되어 구성원 간에 신뢰를 회복하지 못하면 성장이 한계에 직면할 수도 있다. 실제로 우리나라는 사회적 자본(Social Capital) 지수가 OECD 회원국 가운데 하위권에 머물러 있다. 사회적 자본이란 사회 구성원 간에 협력을 촉진하는 신뢰, 규범, 네트워크 등 일체의 무형자산을 뜻한다. 특히 5년 주기로 측정한 사회통합지수(1995~2015)에서 한국은 4차례 모두 OECD 30개 회원국 중에서 29위를 차지해 사회분열이 매우 심각한 수준이다.

사회적 자본을 형성하는 가장 대표적인 요소는 구성원 간의 신뢰이다. 신뢰 수준을 높이려면 무엇보다 이분법적 사고에서 벗어나야 한다. 다름과 차

이를 인정하고, 다양성을 존중하는 사회가 되어야 구성원 간의 신뢰지수가 높아진다.

지금 우리 경제는 저성장의 늪에 빠져 있어 재도약이 시급하다. 경제가 재도약하려면 산업 전반의 구조조정 및 패러다임의 전환이 필요하지만 이에 못지않게 국민통합이 중요하다. 세계은행 조사에 따르면, 한 국가의 사회적 신뢰도가 10% 상승할 때 경제성장률이 0.8% 증가한다고 한다. 이처럼 우리는 고질적인 사회분열에서 벗어나 범국민적 에너지를 결집시켜 경제 재도약을 이끌어야 한다. 이를 위한 첫걸음은 이분법적 사고에서 벗어나는 것이 아닐까.

믿는 만큼 자란다

가정에서든, 조직에서든 믿음과 신뢰만큼 중요한 것은 없는 것 같다. 믿음과 신뢰 없이 구성원 간의 사랑이 있을 수 없고, 미래를 위한 발전도 기대할 수 없기 때문이다.

자식 교육과 관련해 요즘 우스갯소리처럼 유행하는 말이 있다. "자식이 잘 되려면 할아버지의 경제력, 엄마의 정보력, 아빠의 무관심이 중요하다"는 이야기가 그것이다. 그런데 내 경우에 비추어보면 이 말은 그다지 맞지 않는 것 같다. 먼저 애들한테 할아버지의 경제력은 애초에 기대할 수 없었다. 친할아버지는 말할 것도 없고 외할아버지도 애들이 초등학교 다닐 때 돌아가셨기 때문이다. 마찬가지로 엄마의 정보력도 기대할 만한 상황이 아니었다. 아내가 직장생활을 하는 탓에 애들을 전적으로 키울 수 있는 형편이 못되어 다른 엄마들과 비교해 교육에 관한 정보가 뒤쳐질 수밖에 없었다.

그나마 내 경우와 맞는 게 있다면 아빠의 무관심이 아니었을까 싶다. 대다수 아빠들이 그렇듯이 애들 교육에 관심을 쏟을 만한 정신적 및 시간적 여유가 없었기 때문이다. 그렇다고 나와 아내가 애들한테 무작정 무관심했다는 것은 아니다. 자잘한 잘잘못은 눈감아 주고 애들의 입장을 헤아려 주면서 항상 믿음과 신뢰를 주고자 노력했던 것 같다. 그런 것들이 알게 모르게 쌓여 애들이 나름대로 중심을 잡고 문제를 헤쳐 나가는데 중요한 역할을 하지 않았을까 생각한다.

자식에 대한 믿음과 신뢰가 얼마나 중요한지 깨닫게 한 사례가 있다. 사회에서 만난 어떤 후배가 자식 문제로 굉장히 고민이 많았다. 그는 증권금융회사에서 사장을 할 정도로 사회적으로 성공한 사람이었는데, 아들이 자신의 말을 잘 안 듣는다면서 어떻게 해야 할지 걱정했다. 그래서 평소에 아들을 어떤 식으로 대하느냐고 물으니 주로 돈으로 해결한다고 했다. 부모의 뜻대로 무엇을 하면 용돈을 더 주고 안 그러면 용돈을 줄이는 방식이었다.

이대로 가면 상황이 더 악화될 게 분명했다. 그래서 우선 진솔하게 대화하면서 아들이 하려고 하는 일에 대해 들어보라고 일러주었다. 그러면서 잘못된 길이 아니라면 부모가 자식을 무조건 믿어야 한다고 했다. 왜냐하면 부모가 신뢰해주면 자식은 잘못된 길로 나가지 않기 때문이다. 경제적 유인책은 단편적인 방법에 불과해 자식을 올바른 길로 이끌 수 없다.

나의 조언은 효과가 있었다. 몇 개월 후, 후배가 아들과의 관계가 회복되어 너무 좋다면서 고맙다고 했다. 그는 처음에 아들이 연기자가 되려는 것을 못

마땅하게 여겨 대화조차 하지 않았다. 그런데 아들과 얘기를 나눠보니 나름대로 뜻과 포부가 분명해 보였다고 했다. 그래서 아들을 믿고 신뢰하면서 부모로서 후원을 해주고 있다고 했다.

자식은 믿는 만큼 자란다. 자식을 키워본 부모로서 나는 무엇보다 이 말을 신뢰한다. 이는 자식농사 잘 지었다고 부러움을 사는 부모들이 들려주는 공통 의견이기도 하다. 사실 부모의 눈높이로 보면 자식은 한없이 부족하다. 그렇다고 해서 칭찬보다 꾸중이 앞서면 불신이 커져 어긋나기 쉽다. 이와 반대로 부모가 욕심을 내려놓고 기다려주면 자식도 언제가 그 마음을 알아준다.

우리 부부는 2명의 자녀를 두었다. 큰 애는 딸인데, 대학에서 건축학을 공부하고 미국으로 유학 가서 도시계획(Urban Planning) 분야의 박사과정을 밟고 있다. 현대의 도시들은 부단히 재설계가 필요하다. 교통량, 주택 수요, 문화 및 교육 편의성, 환경영향 등을 고려해 인간이 보다 쾌적하고 편안한 환경에서 살 수 있도록 도시를 기능적으로 활성화하고 유기적으로 연계되도록 할 필요성이 있다. 이미 미국이나 유럽의 오래된 도시들에서는 재설계 프로젝트가 한창 진행 중이고, 우리나라도 갈수록 재설계 수요가 많아지고 있다. 이런 흐름에 맞춰 좀 더 큰 차원에서 미래를 보고 공부하겠다는 딸의 선택에 박수를 보낸다. 딸은 몇 년 전에 결혼도 해서 작년에 외손주를 낳았다. 사위와 딸은 미국 유학 중에 만났다. 사위는 첨단 전기회로 분야에서 박사학위를 받고 현재 미국에서 직장생활을 하고 있다.

작은 애는 아들인데, 의대를 졸업하고 현재 신경외과 수련의 과정에 있다.

자식은 믿는 만큼 자란다.
자식을 키워본 부모로서 나는 무엇보다 이 말을 신뢰한다.
위 사진은 2013년 결혼한 딸 내외 및 외손주와 함께.
아래 사진은 2017년 결혼한 아들 내외 모습.

신경외과는 응급환자들의 수술이 많아 육체적으로 제일 힘든 분야로 알려져 있다. 그런데도 아들은 신경외과가 가장 매력이 있다고 한다. 왜냐하면 목숨이 위태로운 환자를 수술해서 상태가 호전되었을 때 의사로서 큰 보람을 느끼기 때문이란다. 이 말을 들으니 의사로서 기본적인 소양을 갖추었다는 생각이 들어 믿음이 간다. 아들은 지난 여름에 마취 통증과 수련의 과정을 밟고 있는 배우자를 맞아 결혼했다. 그러고 보니 집안에서 대를 이어 의사가 배출되었다. 위로는 나의 막내 작은 아버지가 의사이셨다. 그 분은 1970년대 초에 미국으로 이민을 가서도 의사를 하셨다. 그리고 내 쌍둥이 동생이 의사이고, 내 아들과 며느리까지 의사이니 의료인 집안인 셈이다.

자식 자랑은 팔불출이라지만 번듯하게 커서 가정을 꾸린 모습을 보면 참 대견하게 느껴진다. 대학을 마칠 때까지 알아서 공부를 잘했고, 이후에도 본인들이 스스로 판단해 멋진 인생길을 열어가고 있어 부모로서 흐뭇하기 그지없다.

언젠가 아들이 공부하기 싫다고 게으름을 피운 적이 있었다. 그래서 억지로 강요하는 대신 공부를 열심히 했을 때 얻게 되는 더 많은 기회에 대해 이야기해 주었다. 그랬더니 다시 공부에 재미를 붙이고 꾸준히 성적도 올라 결국 자신의 꿈을 이루었다. 믿고 기다려준 부모의 기대를 저버리지 않은 것이다. 자식은 믿는 만큼 자란다. 자식의 교육문제로 어려움을 겪는 부모들에게 나는 이 말을 진리처럼 말해주고 싶다. 부모가 자식을 믿고 신뢰해주면 자식은 반드시 그 믿음에 보답을 한다.

믿음과 신뢰는 가정만이 아닌, 조직에서도 똑같이 중요하다. 사무관 시절에 모시던 과장 중에 생각나는 분이 있다. 그 분은 생각의 스케일이 크고 일처리에 선이 굵어 자잘한 업무는 별로 신경을 안 쓰셨다. 평소에 부하직원을 믿고 신뢰하는 분이라 조직 내에서 평판도 아주 좋았다. 한번은 그 분이 미국출장을 갔는데, 그렇게 편하고 좋을 수가 없었다. 부하직원 입장에서는 아무리 좋은 상사라도 계실 때보다 안 계실 때가 더 좋지 않은가.

그런 한편으론 상사가 부재 중이어서 업무에 대한 책임감이 크게 느껴졌다. 평소에 직원들을 믿고 맡기는 스타일이라 출장 기간 동안 오히려 더 책임감을 갖고 일했다. 또 상사가 돌아오면 보고하려고 평소보다 더 건설적인 고민도 많이 했던 것 같다. 그러면서 좋은 상사가 되려면 직원들에게 믿음과 신뢰를 주어야 한다는 사실을 절감했다.

세상에 믿음과 신뢰 없이 이룰 수 있는 일은 없다. 가정이든, 조직이든 윗사람이 아랫사람을 믿고 신뢰할수록 모든 구성원이 느끼는 행복지수는 높아진다.

鵬程萬里

큰새가 먼길을 가듯이

|3부| KOTRA에서 3년

관피아 논란을 뚫다

2년간 뒷걸음치던 수출

수출구조 개선이 해답이다

내수 중소 · 중견기업을 수출기업으로

수출 시장을 다변화하라

한류를 활용한 소비재 · 서비스 진출 지원

수출방식을 다변화하다

우리 경제에 도움이 되는 투자유치

잃어버려서는 안 될 20년

포괄적 협력관계로 발전한 쿠바

엑스포에서 무엇을 어떻게 보여주어야 하나

무역 1조 달러의 회복과 6년 연속 경평 A등급

관피아 논란을 뚫다

산업통상자원부 1차관으로 보낸 1년 5개월의 시간이 쏜살 같이 지났다. 2014년 7월 1차관 자리에서 물러난 나는 그해 9월부터 단국대에 적을 두게 되었다. 석좌교수 자리였는데, 강의보다는 주로 교수들을 상대로 정부 R&D 사업에 대한 전반적인 메카니즘을 소개해주는 역할을 했다. 산업발전에 기여하고 자신들의 연구에도 도움이 되려면 어떻게 정부 R&D사업에 응모하고 준비해야 하는지 내가 공직시절 현장에서 겪은 사례들을 중심으로 조언해 주었다.

그러던 중 12월 초에 KOTRA 사장직 응모를 준비하게 되었다. 사실 KOTRA 신임 사장 공고문을 처음 접했을 때는 거의 응모할 생각을 하지 못했다. 왜냐하면 그해 4월 발생한 세월호 참사를 계기로 민관유착과 전관예우가 문제로 부각되면서 소위 '관피아 방지법'의 제정이 추진되었기 때문이다.

관피아 방지법이란 공무원이 퇴직일부터 3년간, 퇴직 전 5년 동안 소속부서의 업무와 밀접한 관련이 있는 기업체나 대학, 병원 등 비영리법인에 재취업하지 못하도록 금지하는 내용을 담고 있는 '공직자 윤리법 개정안'을 말한다. 이러한 관피아(관료+마피아) 논란은 퇴직 관료들의 재취업을 사실상 원천봉쇄시켰다. 예전 같으면 차관을 지내고 산하기관장으로 가는 경우가 흔했지만 이때부터 불가능한 것으로 인식되었다. 특히 KOTRA 신임 사장을 공모하던 그 무렵에 관피아 방지법이 국회를 통과해 곧 시행을 앞두고 있어 후보자로 등록하면 자칫 여론의 뭇매를 맞을 수 있었다.

이런 상황에서 어쩔 엄두를 못 내고 있는데, 주변에서 응모해보라고 권했다. 그래서 과연 내가 적임자인지부터 자문해 보았다. 공직생활 동안 산업, 무역, 기술, 통상, 에너지 분야에서 일하면서 우리 산업의 경쟁력 제고와 신성장동력 창출에 기여해 온 만큼 전문지식과 경험은 누구에게도 뒤지지 않을 것 같았다.

사장 후보자로서 나름 강점도 있었고 약점도 있었다. 무엇보다 중앙부처에서만 근무했기 때문에 정책 수립과 시행에 대한 경험이 많은 반면, 집행에 대한 직접적인 경험이 적은 것은 약점이었다. 또 KOTRA 내부출신이 아니기 때문에 조직이나 직원, 그리고 개별적 업무를 세밀하게 파악하는데 다소 시간이 필요한 것도 약점일 수 있었다.

그러나 이런 약점보다는 내세울만한 강점이 더 많아 보였다. 무엇보다 정부정책에 대한 이해도가 높고, 다른 기관과 협업하는데 필요한 자질을 충분히 갖추고 있다고 생각했다. KOTRA는 인건비와 사업비의 대부분을 정부예산으로 지원받아 정부정책 사업을 위탁 · 집행하는 준정부기관이다. 따라서 차관까지 지낸 공직 경험은 정부부처뿐만 아니라 유관기관 등과의 업무추진에 큰 도움이 될 수 있을 것 같았다.

산업현장에 대한 이해도가 높은 것도 강점으로 느껴졌다. 특히 수많은 현장방문 및 간담회 등을 통해 중소기업에 대한 애정과 이해가 깊어 우리 경제의 성장판을 두텁게 하는데 적임자 역할을 할 수 있다고 생각했다. 또 해외근무 경험 등을 통해 국제적 감각을 갖추고 있는 것도 강점이었다. 무엇보다 무역, 외국인투자, 통상, 산업협력 등 KOTRA 업무와 직결된 다양한 업무 경력은 KOTRA와 같은 국제적인 기관을 이끌어가는데 도움이 될 것 같았다. 이 밖에도 기획, 조직, 인사 등을 골고루 담당해 보았기 때문에 기관운영에 필요한 자질도 갖추고 있었다.

이렇게 사장 후보자로서 나 자신을 점검해보니 도전해도 될 것 같았다. 문제는 관피아라는 점인데, 그 잣대로만 평가하는 것은 어리석은 일이라고 생각했다. 그보다는 그 기관의 성격과 지원자의 기본적인 소양 및 능력을 고려해 가장 적임자를 임명하는 것이 바람직하다고 생각했다. 이런 개인적인 소신을 갖고 나는 KOTRA 사장직에 응모했다.

지원서 양식에 맞춰 나의 생각과 포부를 정리했다. 무역투자 확대를 위한 KOTRA의 역할과 과제에 대해 평소 생각해 둔 나의 소견을 키보드로 한 자 한 자 꾹꾹 눌러서 썼다. 중소 · 중견기업 수출역량 강화, 새로운 수출 먹거리

우려와 달리 언론사들의 반응은
거의 모두 호의적이었다.
어떤 언론에서도 관피아라고
비판하면서 부정적인 시각으로 기사를
쓰지 않은 걸로 기억한다.

지속 창출, 넓어진 경제협력 영역 활용 지원, 우리 경제에 도움이 되는 외투기업 유치 강화 등에 힘써 제2의 무역입국을 선도하겠다는 포부를 담아 지원서를 제출했다. 이후 후보자 면접은 업무 전문성과 실무 능력 등을 종합적으로 평가하는 방식으로 이루어졌다. 나는 담담한 심정으로 면접에 임했다. 아니나 다를까 면접위원들의 첫 번째 질문이 바로 "관피아 논란에 대해서 어떻게 생각하느냐"였다. 나는 KOTRA라는 기관의 기능과 업무특성상 관료출신 지원자에 대해 관피아라는 잣대 하나만으로 보아서는 안 된다는 점을 나름의 논리를 갖고 설명했다.

그해 마지막 날인 12월 31일에 내가 KOTRA 사장에 임명되었다는 소식을 들었다. 그리고 2015년 1월 2일 취임식 겸 시무식을 가졌다. 내가 KOTRA 사장에 취임하자 언론에서도 큰 관심을 갖고 보도했다. 왜냐하면 관피아 논란에 따른 퇴직 관료들의 재취업 금지 기류를 뚫고 고위 관료 중에서 처음으로 공공기관장에 임명되었기 때문이다.

우려와 달리 언론사들의 반응은 거의 모두 호의적이었다. 어떤 언론에서도 관피아라고 비판하면서 부정적인 시각으로 기사를 쓰지 않은 걸로 기억한다. 그보다는 대다수가 전문성과 자질을 겸비한 사람이 취임해 다행이라는 반응을 보였고, 관피아 논란을 헤쳐 나가는 모범답안을 제시했다고 평가한 언론도 있었다.

나는 속으로 꽤 다행스럽게 여겼다. 무조건 관피아로 매도되는 것은 부적절하고, 기관의 특성과 후보자의 능력과 자질을 중심으로 평가되어야 한다는 개인적인 소신이 받아들여진 것 같아서 기뻤다. 언론의 남다른 주목을 받고 취임한 만큼 최선을 다해 직책을 수행해서 국가경제에 기여해야겠다는 각오로 취임식 자리에 섰다.

2년간 뒷걸음치던 수출

취임하자마자 KOTRA가 지향점으로 삼을 경영방침부터 수립, 발표했다. 이미 사장 공모 지원서에 담았고 취임사에서도 밝힌 내용을 가다듬고 구체화해 4가지 사업방향으로 정립한 것이다. Δ중소 · 중견기업 수출역량 강화 Δ새로운 수출 먹거리 지속 창출 Δ넓어진 경제협력 영역 활용 지원 Δ우리 경제에 도움이 되는 외투기업 유치 강화 등인데, 이것은 이후 3년 동안 나를 선장으로 하는 KOTRA호가 제2의 무역입국을 선도하기 위해 한 방향으로 나가게 하는 나침반 역할을 했다.

4대 사업방향은 대내외적 무역환경 변화 속에서 KOTRA의 역할과 과제를 제시한 것으로, 새롭다기보다 반드시 수행해야 하는 미션 같은 것이었다. 이 중에서 제일 우선 과제는 중소 · 중견기업의 수출역량 강화였다. 이를 위해서 수출 중소 · 중견기업의 수를 10만 개로 늘리고, 수출 1억 달러 이상의 글로벌 전문기업을 400개로 육성한다는 목표를 내세웠다. 그리고 새로운 수출 먹거리의 지속적인 창출도 중요했다. 이를 위해서 기존의 제조업을 이을 새로운 수출 분야, 이를테면 문화콘텐츠, 서비스, 의료, 농수산식품, 에너지신산업 등의 발굴 및 육성을 적극 지원하기로 했다. 또 수출시장도 지나치게 신흥국에 편중된 데서 벗어나 선진국과 전략시장에 대한 진출 노력을 강화하고, 전자상거래와 G2G(정부간 교역) 등 새로운 무역방식에도 적극 대응해 나가기로 했다.

넓어진 경제협력 영역 활용 지원도 중요한 과제였다. 이를 위해서 중소 · 중견기업의 FTA 활용률을 높이도록 지원하고, 중동 및 중남미 등 신흥국의 FTA에도 적극 대비하기로 했다. 또한 우리 경제에 도움이 되는 외투기업 유치를 강화하기 위해서는 글로벌 기업의 R&D센터 및 헤드쿼터를 유치하고, 기존 외투기업의 고충처리 및 규제개혁을 지원해 증액투자를 유도하기로 했다.

이러한 경영방침과 함께 4대 업무혁신 방향으로 고객 · 현장, 내실 · 성과, 소통 · 협업, 기본 · 원칙을 발표했다. 이는 내가 30년 넘게 공직생활을 하면서 중요하게 여겨온 가치관이자 업무자세를 집약시켜 놓은 것으로, KOTRA 직원들이 업무 때마다 견지하고 실천해야 할 지침으로 삼도록 했다.

이렇게 새로운 로드맵을 마련한 KOTRA호는 닻을 올리고 출범했다. 그런데 출항하자마자 먹구름이 몰려오면서 거친 풍랑에 휩싸이게 되었다. 글로벌 무역환경이 우리 수출에 매우 불리하게 작용한 것이다. 바로 전년까지만 해도 우리나라는 무역 3관왕을 달성해 축제 같은 분위기였다. 2011년부터 4년 연속 무역 1조 달러 달성, 2014년 수출액 5,731억 달러 및 무역수지 474억 달러로 각각 사상 최대치를 경신했던 것이다. 이런 호조세에 힘입어 정부는 2020년까지 '무역 2조 달러 및 세계 무역 5강'을 달성하겠다는 야심찬 목표를 수립했다.

그런데 2015년이 되면서 상황이 급변해 수출이 뒷걸음치기 시작한 것이다. 무엇보다 세계경기의 둔화에 따른 세계교역 축소가 수출 감소의 주요 요인이었다. 세계경제 성장률은 2014년 3.4%에서 2015년에는 3.1%로 감소했으며, 2015년 1~10월 기준 세계 주요 70개국의 교역은 Δ12.1%를 기록했다. 따라서 수출의존도가 높은 우리 경제가 직접적인 타격을 받을 수밖에 없었다.

그 다음으로 유가하락이 큰 요인이었다. 국제유가(두바이유 기준)가 2014년 1월 배럴당 104 달러에서 2015년 1월 45.8 달러로 절반 이하로 폭락했다. 이에 석유제품 및 석유화학의 수출 단가가 급락해 수출 물량의 증가에도 불구하고 수출액이 큰 폭으로 감소했다. 유가하락은 러시아의 경제위기와 중동 산유국들의 경제침체로 이어져 이들 지역으로의 수출이 큰 타격을 입었고, 연쇄적으로 EU 지역의 수출도 둔화되었다. 이 결과, 2015년에 CIS(독립국가연합)지역 수출은 Δ49.8%를 기록해 절반 규모로 축소되었고, 중동 Δ12.4%, EU Δ6.9%로 역시 큰 폭의 수출 감소를 보였다.

우리 수출의 4분의 1을 차지하는 중국의 성장률 둔화와 성장정책의 변화도 수출 감소를 불러온 또 다른 요인이었다. 중국은 연평균 9~10%대의 고성장을 이어오다가 2015년부터 6~7%대로 성장률이 둔화되었다. 또한 성장정책도 기존의 가공무역을 억제하는 대신 중간재의 자급률을 확대하는 방향으로 전환되었다. 실제로 중국의 중간재 수입비중은 2000년 64%에서 2015년에 50%로 축소되었다. 이에 따라 가공무역의 의존도가 매우 높은 우리 수출이 큰 타격을 받아 2015년 대중 수출은 전년 대비 Δ5.6%를 기록했다.

이밖에 지속된 엔화 약세 및 일본 경제의 침체도 수출 감소를 부추겼다. 이에 따라 2015년 대일 수출은 전년 대비 Δ20.4% 수준으로 급감했다. 이처럼 2015년에는 미국, 중국, EU, 아세안, 중동, 중남미, 일본, CIS 등 주요 지역에서 모두 수출이 마이너스를 기록했다. 6%대의 견고한 경제성장세를 보이던 베트남으로의 수출이 24.3% 증가한 것이 유일한 위안거리였다.

결론적으로 취임 첫해인 2015년의 수출 실적은 기대에 훨씬 못 미쳤다. 총수출은 전년 대비 Δ7.9%로 5,268억 달러에 머물렀고, 총수입은 글로벌 경기침체 심화로 무려 16.9%나 감소해 4,365억 달러에 그쳤다. 이로써 총 무역액은 9,633억 달러를 기록해 최근 4년간 유지해오던 무역 1조 달러를 달성하지 못했다.

2016년 상황은 더욱 비관적으로 전개되었다. 당초에는 세계경기의 완만한 회복과 전년도의 기저효과 영향으로 수출입 모두 소폭 회복될 것으로 예상했다. 무엇보다 한-중 FTA, 한-베트남 FTA, 한-뉴질랜드 FTA 등이 2015년 말에 발효된 것이 긍정적 요인이었다. 그런데 유가 등 원자재가의 하락, 중국의 성장둔화, 미국의 금리인상에 따른 신흥국의 경기위축 등 대외적인 어려움이 예상보다 컸다. 이에 따라 새해 벽두인 1월부터 총수출은 전년 대비 19.6%가 급감하면서 위기감이 높아졌다.

수출은 상반기가 끝날 때까지도 회복 기미를 보이지 않았다. 2015년 1월부터 18개월 동안 최장 기간 수출 감소세가 지속되자 위기감이 한층 고조되었다. 그래서 수출회복을 위한 지원사업을 확대하려고 정부에 추경예산을 요청해 250억원을 확보했다. 이 자금으로 지사화 및 월드챔프 지원 규모를 대폭 늘린 것을 비롯해 해외전시회 참가 및 홈쇼핑 활용 수출지원, 국내 및 해외 소비재 수출대전 개최, 미개척 신흥시장 한국우수상품전 개최, 해외전시회 한국관 추가 개설 등을 지원하면서 수출 회복에 총력을 기울였다.

수출의 장기적인 부진은 대외여건이 개선되지 않은 탓이 컸다. 그런데 대외여건만 탓하기엔 우리 수출의 구조적인 문제 역시 크게 느껴졌다. 무엇보다 주력산업의 경쟁력 약화가 큰 문제로 부각되었다. 2016년에 13대 주력품목 중에서 컴퓨터를 제외한 모든 품목의 수출이 감소한 것이다. 석유화학 및 석유제품 등 저유가로 인한 직접적 영향을 받는 품목을 제외한 선박, 철강, 자동차, 무선통신기기, 일반기계, 차부품, 가전 등의 품목까지 일제히 수출이 감소함에 따라 이들 품목에 대한 경쟁력 제고가 시급했다.

해외생산 비중이 늘어난 것도 수출이 감소하는 구조적 요인의 하나였다. 2015년 기준 해외생산 비율은 가전이 77.6%, 디스플레이가 57.3%, 자동차가 40.2%에 달했다. 또한 중국의 중간재 자급률이 갈수록 높아지는 데 반해 우리의 대중 수출품목은 중간재가 70% 이상을 차지하고 소비재 비중은 6%

대에 불과해 새로운 수출전략이 필요했다. 뿐만 아니라 신흥시장의 수출품목도 범용 제품 위주여서 부가가치가 높은 품목으로 다변화가 요구되었다. 이밖에 수출 지역도 선진시장 및 특수 · 전략시장별로 맞춤형으로 접근해 시장을 다변화할 필요가 있었다.

이처럼 대외적인 환경과 우리 수출의 구조적인 문제로 2016년 수출입 실적 역시 기대를 훨씬 밑돌았다. 수출은 전년 대비 5.9% 감소한 4,955억 달러, 수입은 7.1% 감소한 4,057억 달러에 머물러 총 무역규모는 9,012억 달러에 그쳤다. 당연히 무역 1조 달러도 2년 연속 달성하지 못했다.

하지만 이때부터 새로운 희망의 조짐이 나타나기 시작했다. 그해 11월부터 수출이 회복세로 돌아선 것이다. 2년 가깝게 뒷걸음치던 수출이 11월에 2.5%, 12월에 6.4%가 각각 증가하면서 다시 상승 곡선을 그리기 시작했다. 유가 반등으로 주력품목들의 물량 및 단가가 개선되고, 그동안 KOTRA가 총력을 기울여 추진한 수출 주체의 전환 및 품목 · 시장 · 방식의 다변화 노력이 차츰 성과로 나타나기 시작한 것이다. 참 보람되고 다행스러운 일이 아닐 수 없었다.

수출구조 개선이 해답이다

월말마다 수출실적을 점검하는 마음이 무겁고 착잡했다. 일시적이길 기대했던 수출 부진이 장기화되는 기미를 보이자 불안함도 커졌다. 언론에서도 우리 경제가 저성장의 덫에 걸려 있는 가운데 수출마저 부진한 상황을 예의 주시하면서 우려 섞인 시선으로 보도했다. 자꾸 뒷걸음질 치는 수출 상황을 무역투자 진흥을 담당하는 공공기관장으로서 바라만 보고 있을 수 없었다. 수출에 조금이라도 힘을 불어넣어야겠다는 마음으로 해외 현장을 순회하면서 직원들을 독려했다. 취임한 지 얼마 안 돼 상견례를 겸한 자리였지만 해외 10개 지역을 순회하면서 열린 무역투자 확대회의는 긴장감이 넘쳤다. 당시의 언론 기고문에서도 그때의 절박한 상황이 느껴진다.

지난주 러시아로 출장을 다녀왔다. 최근의 수출부진을 타개하기 위해 CIS 지역 무역관장들과 대책회의를 하러 비행기에 오르는 발걸음이 무거웠다. CIS 지역은 올해 우리 수출이 가장 고전을 하는 곳으로, 전년 동기 대비 1~5월 실적이 무려 58.1%가 감소했다. 엎친 데 덮친 격으로 중동호흡기증후군(메르스) 사태로 바이어 이탈이나 구매 연기도 발생할 우려도 있어 마음이 착잡했다.

그동안 러시아와 거래하는 수출업계들은 비명이라도 지르고 싶은 심정이었을 것이다. 우크라이나 사태로 인한 서방의 경제제재와 국제유가의 하락으로 러시아 경제가 휘청거리면서 우리 수출기업들의 피해도 눈덩이처럼 늘어났다. 특히 루블화 가치의 폭락으로 거래 중단이나 물품대금을 받지 못하는 경우가 속출했다.

다행스럽게도 현지에서 접한 러시아 경제는 차츰 안정세를 회복하는 듯했다. 이런 기대감으로 '위기 속의 기회'를 발굴하느라 머리를 맞댔다. 러시아가 추진 중인 수입대체산업 육성정책(산업용 기계 등 18개 분야에 대한 설비투자시 세제 혜택 등 지원)을 우리 기업이 현지에 진출하는 호기로 삼아야 한다는 의견은 시의성이 있어 수출품목을 다변화하는 기회로 삼으면 좋을 것 같았다.

우크라이나 사태 이후 지속된 서방의 경제제재 조치로 인한 대체시장을 우리 기업의 진출기회로 활용하자는 의견도 흥미로웠다. 중국은 경쟁국이라는 인식이 강하고, 일본은 서방의 경제제재에 동참해 파트너로서 부적합하다고 여기고 있어 한국 기업에 대한 러시아의 관심이 어느 때보다 높다. 따라서 의료와 농식품 등 우리가 강점을 갖춘 분야를 공략하면 수출성과 창출의 효과가 클 것 같았다.

이번 회의는 비장함마저 느껴졌다. 마치 이삭줍기의 심정으로 아이디어들을 내면서 수출부진을 타개하려는 의지가 역력했다.(이하 생략)

–2015.7.2. 서울경제 로터리 칼럼 중에서

돌아보니 당시 상황이 주마등처럼 스쳐간다. 이 기고문을 쓸 때는 정말 이삭이라도 줍는 심정이었다. 탈곡한 뒤에 땅에 흘린 이삭을 긁어모아 부족한 양식에 보태듯이 단 1달러라도 더 수출하기 위해서 국내외 현장을 종횡무진했다.

취임 첫해에 1~2월 연속 수출이 감소하자 3월부터 즉각 수출비상대책반을 가동했다. 사장을 반장으로 하여 10개 권역별로 해외시장을 모니터링하고, 단기간에 성과를 낼 수 있는 사업을 집중적으로 추진했다. 5월에는 수출 주간(Export Week)을 선포하고 수십 건의 수출직결사업을 신속하게 수행했다.

설상가상으로 6월에는 메르스(MERS)가 국내로 확산되면서 수출 분위기가

설상가상으로 2015년 6월에는 중동호흡기증후군(MERS)가
국내로 확산되면서 수출 분위기가 더 위축되었다.
그래서 서울을 비롯해 주요 5개 도시에서 대규모로 메르스
대응 온라인 수출상담회를 열어 위기를 돌파해 나갔다.

더 위축되기도 했다. 해외 바이어들이 방한을 꺼리면서 수출상담 미팅이 취소되거나 연기되는 일까지 생긴 것이다. 그래서 7월에는 서울을 비롯해 주요 5개 도시에서 대규모로 메르스 대응 온라인 수출상담회를 열어 위기를 돌파해 나갔다.

이처럼 해외무역관, 본사, 지방지원단이 3각체제로 성과 중심의 수출직결형 마케팅 사업에 총력을 기울였다. 하지만 하반기에도 상황은 좀처럼 호전되지 않았다. 그래서 수출 붐 조성을 위해서 FTA와 한류를 연계시켜 국내외에서 대형 한국상품전을 잇달아 개최했다. 9월에는 2차로 수출주간을 운영했고, 일반 사업을 최대한 앞당겨 추진해 단기성과를 높이고자 했다.

이런 노력에도 불구하고 연간 수출액은 전년 대비 크게 감소해 아쉬움이 컸다. 비록 무역 1조 달러는 유지하지 못했지만 몇 가지 점에서는 자못 의미가 있었다. 먼저 2015년 수출 순위가 중국, 미국, 독일, 일본, 네덜란드에 이어 6위를 차지했다. 프랑스를 제치고 전년도 7위에서 한 계단 올라선 것이다. 그리고 수출물량 증가율도 2015년 5.4%를 기록해 세계 평균인 1.7%를 크게 웃돌았다. 또한 세계 수출시장 점유율이 2014년 3.01%에서 2015년 상반기에 3.29%로 상승했다. 이런 지표들을 종합해볼 때, 저유가로 인한 원자재가 하락으로 총수출 규모는 감소했지만 수출물량과 세계 수출시장 점유율이 경쟁국보다 증가한 점은 긍정적이었다.

그렇지만 수출이 급감한 상황에서 이런 것들은 의미가 퇴색할 수밖에 없었다. 수출을 회복시키는 것이 급선무였다. 그래서 단기성과 창출이 가능한 사업에 더욱 박차를 가하는 동시에 수출구조를 개선하는 작업에도 적극 나섰다. 수출구조의 개선이 없으면 더 이상 수출성장도 기대하기 어렵기 때문이다.

그동안 우리 수출은 순항을 거듭해왔다. 2000년대 들어 글로벌 금융위기 등 세계 무역환경 변화로 수출이 타격을 받기도 했지만 이내 활력을 되찾으면서 경제성장을 견인했다. 지난 반세기 이상 수출성장이 지속된 탓에 구조적 문제점에 대해서 깊숙이 들여다 볼 기회가 별로 없었다. 그런데 수출부진이 장기화되자 그동안 별로 인식하지 않았던 수출구조 문제가 크게 노출되면서 이를 개선하기 위한 대책이 요구되었다.

우리 수출이 지닌 구조적인 문제는 무엇인가. KOTRA 사장으로 일해 보니 문제점과 개선책이 보다 분명하게 파악되었다. 첫째로 우리 수출은 대기업 의존도가 너무 높아 외부환경 변화에 큰 영향을 받으므로, 중소 · 중견기업으로 수출 주체를 전환해야 한다. 둘째로 신흥시장의 비중이 절반 이상을 차시해 세계경기 침체 때 타격을 많이 받으므로, 선진국 및 전략시장의 비중을 높여야 한다. 셋째는 13대 주력품목에 대한 의존도를 줄이고 소비재, 신산업 소재, 부품 등으로 품목을 다변화해야 한다. 넷째는 전자상거래와 정부간 거래(G2G) 등 새로운 무역채널의 활용을 적극 확대해 수출방식을 다양화해야 한다.

수출구조 개선에 대한 생각을 전파하려고 2016년 2월 출입기자 간담회를 가졌다. 기자간담회는 이전에도 서너 차례 열렸다. 그런데 연초부터 수출이

한국경제 2016년 05월 09일 월요일 A33면 종합

수출증대 위해 팔 걷어붙인 김재홍 KOTRA 사장

"수출부진은 구조적… 중소기업·소비재 앞세워 돌파구 찾아야"

만난 사람=김태완 오피니언부장

수출 중소기업 내년까지 10만개로 늘릴 것
중국 수출은 고급소비재·영유아 제품 유망
대통령 순방때 여는 1대 1 상담회 효과 커

수출부진은 구조적… (2016년 5월 9일, 한국경제기사)

수출구조 개선에 대한 생각을 전파하려고 출입기자 간담회는 물론 언론과 적극적으로 인터뷰를 가졌다.
언론에서도 구조 개선에 성공하면 우리 수출의 미래가 밝을 것이라고 응원해 주었다.

머니투데이 2016년 03월 14일 월요일 009면 기획/특집

"수출쇼크 탈출방안은… '시장·품목 다변화' 과감한 구조개선"

머투 초대석

김재홍 KOTRA 사장

주력품목·신흥시장·대기업 의존 한계
14개월 연속 감소… 올해 전망도 흐림

조직·예산 모두 개편… 부진 타계 올인
기업 지원 늘려 수출中企 10만개 목표

이란 '기회의 시장'이지만 경쟁도 심해
車·기계등 유망분야 세밀한 전략 중요

수출쇼크 탈출방안은… (2016년 3월 14일, 머니투데이기사)

전년 대비 무려 20% 가깝게 급락해 위기감이 고조된 상황이라 분위기가 매우 무거웠다. 삼계탕으로 점심을 함께 하면서 솔직한 생각을 털어놓았다.

"지금 우리에겐 낙관적이고 희망적인 전망이 없는 것이 문제입니다. 일시적이 아니라 수출구조의 문제가 드러나기 시작해 큰 걱정입니다. 기존의 노력만으로 국면을 전환하기가 굉장히 어렵습니다. 획기적인 노력으로 근본적인 변화를 꾀하지 않으면 안 됩니다."

이렇게 비장한 마음으로 운을 뗐다. 그리고 수출구조 개선을 위해서 수출주체의 전환과 시장 · 품목 · 방식의 다변화가 왜 중요한지 충분히 설명하고, 이를 추진하기 위한 계획도 밝혔다.

"이런 개선방향에 대해 정부에서도 크게 공감하고 있습니다. 그래서 산업부, 기재부와 협의를 마치는 대로 우리의 조직, 인력, 예산을 새롭게 재편하겠습니다. 기존의 제조업 품목 지원 위주에서 벗어나 ICT, 환경, 문화콘텐츠 분야의 지원을 확대하겠습니다. 그리고 시장도 새로운 기회가 급증하는 이란, 인도, 멕시코, 미얀마 등으로 인력과 지원을 늘릴 것입니다. 사업도 최대한 구조조정해서 불필요한 분야는 폐지하고, 중소기업 수출기업화사업을 최대한 지원하기 위해 인력과 예산을 늘릴 것입니다."

그러면서 언론에 특별히 부탁했다. 어려운 시기일수록 언론의 역할이 중요하므로, '이런 식으로 열심히 하면 되겠다'는 식으로 절망보다는 희망적인 메시지를 많이 써달라고 주문했다. 나의 바람대로 언론에서는 우리 수출의 구조적인 문제와 개선방향을 집중해서 다루면서 구조 개선에 성공하면 수출의 미래가 밝을 것이라고 응원해 주었다.

그날 간담회에서 나는 평소보다 많은 말을 했던 것 같다. 그만큼 우리 수출에 대한 위기감이 컸던 탓에 문제점과 개선방향에 대해서 목소리를 높이지 않을 수 없었다. 그런 덕분에 그 이후로 우리 수출의 구조개선을 위한 정부의 관심과 지원이 더 커졌고, KOTRA의 노력도 한층 강도 높게 추진되었다. 그 결과 중소 · 중견기업의 수출 비중이 높아지고, 시장 · 품목 · 방식이 차츰 다변화되면서 수출구조가 좀더 견고해지고, 수출도 빨리 회복되었다.

돌아보면 그 무렵이 우리 수출의 최대 위기였다. 수출이 2년 연속 감소한 것은 1957~1958년 이후 58년만에 처음이기 때문이다. 그런 만큼 그때가 수출구조를 개선할 수 있는 최대 기회이기도 했다. 실기(失機)하지 않고 구조개선에 박차를 가하게 돼 다행이었다.

내수 중소·중견기업을 수출기업으로

"중소 · 중견기업의 수출역량을 강화하는 것, 그것이 KOTRA의 존재이유다."

언론과 인터뷰를 할 때마다 거의 매번 빠뜨리지 않고 했던 말인 것 같다. 어디 인터뷰 때뿐인가. 내부 직원을 대하거나, 외부 유관기관 또는 기업들과 미팅을 할 때도 으레 이것을 화두삼아 이야기를 했던 것 같다. 중소 · 중견기업의 수출역량 강화는 대기업 중심의 수출구조를 개선해 지속적인 수출 증대는 물론 일자리 창출과 국가 경제성장을 위해서도 매우 중요하기 때문이다.

중소 · 중견기업의 수출역량을 강화하기 위해서 나는 재임시절 동안 모든 역량을 쏟아 부었다. 특히 이것의 관건인 신규 수출기업화 사업을 위해서 할 수 있는 모든 노력을 기울였다. 아직 갈 길이 멀지만 지난 3년 동안 거둔 성과도 적지 않기 때문에 좀더 노력한다면 우리나라가 제2의 무역입국을 실현하는데 큰 힘이 될 것이라고 생각한다.

내가 임기 내 역점사업으로 신규 수출기업화 사업을 추진한 데에는 그만한 이유가 있었다. 우리나라는 대기업 중심의 수출구조여서 내수 경기와 수출의 연계성이 점차 약화되고 있다. 또 대기업 위주로 제한된 몇 개 품목의 수출의 존도가 너무 높기 때문에 글로벌 경기침체 등 외부환경 변화에 큰 영향을 받기 쉽다. 그러므로 이런 구조를 개선하려면 수출 주체를 대기업 중심에서 중소 · 중견기업으로 전환할 필요가 있다.

이런 취지아래 그동안 중소 · 중견기업들의 수출비중을 높이는 노력이 지속되어왔다. 하지만 여전히 대기업의 수출비중이 높아 64% 이상을 차지하고 있었다. 따라서 나는 취임하자마자 수출 중소 · 중견기업을 10만개로 육성하는 '10만 양기론(養企論)'을 내세웠다. 율곡 이이가 일본 침략에 대비해 10만 양병설을 주장했던 것처럼 수출구조 개선과 지속적인 수출성장을 위해서는 10만개의 수출 중소 · 중견기업의 육성이 시급하다고 판단했기 때문이다.

당시 우리나라의 수출 중소 · 중견기업 수는 91,000여 개로 전체 340만개 기업의 3% 미만이었다. 독일은 수출 중소기업 수가 전체의 10% 이상을 차지하는 것에 비하면 너무 적은 수준이었다. 2014년 기준 중소 · 중견기업의 수출비중도 34% 미만으로 OECD 평균인 39%에 미달했다. 독일의 경우는 전체 수출에서 중소기업이 차지하는 비중이 70%에 달한다. 따라서 10만 양기론은 유관기관들과 협업해 2015~2017년에 매년 3천개 이상 내수기업을 수출기업으로 전환한다는 계획이었다.

취임하자마자 나는 신규 수출기업화 사업을 역점사업으로 정하고 추진했다. 내수기업을 수출기업으로 육성하기 위해 무역협회, 중소기업진흥공단, 무역보험공사, 중소기업중앙회, 수출입은행 등 유관기관들과 개방형 협업으로 원스톱 서비스를 제공하려고 노력했다. 그리고 퇴직무역전문인력으로 구성된 수출전문위원의 숫자를 종전보다 2배 이상 늘려 무역실무부터 수출계약 및 이행까지 전 과정을 지원하도록 했다. 또 글로벌 역량진단(GCL 테스트)을 통한 맞춤형 지원을 강화하고, 찾아가는 무역상담 서비스인 이동 KOTRA의 지원도 강화했다.

2015년 9월에는 내수 중소 · 중견기업의 수출기업화를 촉진하기 위해 수출첫걸음종합대전을 개최했다. 700여 개사 가까운 해외 바이어와 국내 기업이 참가해 1,500건의 수출상담이 진행되었고, 사후관리를 통해 실제 수출성약에 이르도록 지원했다. 해외 바이어를 대거 초청해 열리는 수출첫걸음종합대전은 내수기업을 수출기업으로 전환시키는데 성과가 많아 2016년 하반기와 2017년 상반기에도 각각 개최되었다.

이런 노력으로 KOTRA는 2015년에 내수기업 1,400개를 지원해 총 550개사를 수출기업으로 전환시켰다. 취임 첫해의 성과로는 고무적이었다. 나는 언론 인터뷰와 기고를 통해 신규 수출기업화 사업을 적극 알렸다. 왜냐하면 수출을 하고 싶어도 방법을 몰라서 어려움을 겪는 중소기업들이 많기 때문이다.

내수 중소 · 중견기업의 수출기업화를 촉진하기 위해
2015년부터 해외 바이어를 대거 초청해 수출첫걸음종합대전을 개최해오고 있다.

마치 가뭄 속 단비 같은 성과라고 할까. 수출이 고전하는 상황에서 해외시장 진출에 성공하는 중소기업들이 속속 늘고 있다. 좁은 내수에서 벗어나 세계로 눈을 돌려 광활한 시장을 열어가는 사례 두 건을 소개하니 해외 진출을 꿈꾸는 기업들에게 타산지석이 되면 좋겠다.

수충격(Water Hammer) 방지장치 전문업체인 P사는 지난해까지만 해도 내수기업이었다. 수충격 현상이란 관로에서 밸브를 여닫을 때 발생하는 압력의 변화로 펌프와 밸브 등의 설비가 파손되는 것을 말한다. 이 분야는 내수가 좁아 해외에서 활로를 찾아야만 했다. 이에 KOTRA의 수출전문위원으로부터 바이어 발굴 및 상담, 현지지사 설립 및 로드쇼 개최 등의 도움을 받아 올해 처음 두바이 수전력청에 장비를 수출했다. 이를 시작으로 중동 각국과 북아프리카 등 물이 귀한 지역에 대규모로 장치를 공급하는 프로젝트를 추진하고 있어 비약적인 수출 확대가 기대된다.

A사도 올해 첫 수출 오더를 받는 감격을 맛보았다. 신생아용 침낭 및 낮잠 이불을 온라인으로 판매하는 이 회사는 출산율 저하에 따른 수요 감소로 어려움에 직면하자 수출의 문을 두드렸다. 이곳 역시 시장조사부터 계약서 작성에 이르는 전 과정을 KOTRA로부터 지원 받아 대만에 수출하는 물꼬를 텄다. 〈중략〉

세계 어디에 내놓아도 손색없는 내수용 기업이 주변에 많다. 진흙

속의 진주 같은 이들을 발굴해 수출기업으로 육성하는 일에 민관이 총력을 기울일 때다.

–2015.7.23. 서울경제 로터리 칼럼 중에서

신규 수출기업화 사업은 2016년 들어 한층 강도를 높여 추진되었다. 수출부진의 골이 깊어지자 산업부 주관으로 신규 수출기업 5,000개를 육성하는 사업을 추진하게 된 것이다. 산업부는 국가 전체 목표를 5,000개사와 5억 달러로 정하고 수출 유관기관별로 목표치를 할당했다. 이 중에서 KOTRA는 45%에 해당하는 2,240개사를 수출기업화하는 책임을 맡게 되었다.

급격히 늘어난 목표치를 달성하려면 지원 인력부터 대폭 확충해야 했다. 그래서 수출전문위원 총 165명을 배치해 1대1 밀착지원을 강화했다. 또한 해외무역관에서 이를 전담할 요원도 새로 배치했다. 이밖에 지사화 사업과 해외전시회 참가도 종전보다 2배 가까이 대폭 늘렸다.

할당 받은 목표는 달성하기에 결코 만만치 않았다. 짧은 기간에 전문인력을 현업에 배치해서 성과를 거두기까지는 상당한 어려움과 고통이 뒤따랐다. 그럼에도 불구하고 수출부진을 타개하려는 사명감으로 KOTRA 본사와 해외무역관이 일사불란하게 뛴 결과, 불가능할 것 같던 목표를 초과해 달성할 수 있었다. 국가 전체 실적인 5,186개사 중에서 KOTRA가 47%인 2,373개사를 달성했다.

신규 수출기업화 사업의 성공적 수행은 중소 · 중견기업으로 수출 주체를 전환하는데 기여했다. 중소 · 중견기업의 수출비중은 2014년 33.8%에서 2015년에 35.8%, 2016년에 37.6%로 각각 상승했다. 불과 2년만에 3.8%가 올라 수출 구조를 개선하는 효과가 컸다. 이런 성과에 힘입어 2017년에도 정부 주도하에 신규 수출기업 5,000개사 육성사업을 추진하고 있다. 이 중에서 KOTRA는 총 2,400개사를 육성하는 책임을 맡고 있다. 쉽지 않은 목표지만 2016년에 이어 금년에도 무난히 목표를 달성할 것으로 예상된다.

수출 초보기업들은 이후에 수출을 지속적으로 유지하는 것이 중요하다. 한두 번 수출한 기업들 중에서 다시 수출이 중단되는 경우가 많기 때문이다. 수출기업을 신규로 만들어내는 것도 중요하지만 한해 24,000여 개가 넘는 수출중단기업을 막는 일도 매우 중요하다. 그래서 KOTRA는 수출 초보기업들이 지속적으로 해외시장을 향해 힘찬 발걸음을 내딛도록 이끌어주는 역할을 게을리 하지 않고 있다.

내수기업을 수출기업으로 육성하는 것은 우리 경제가 당면한 저성장과 일자리 창출을 해결하는 지름길이라고 생각한다. 중소 · 중견기업의 수출비중을 높여야 수출을 통한 지속적인 경제성장이 가능하다. 뿐만 아니라 수출기업은 내수기업보다 더 많은 일자리를 만들고, 1인당 평균 급여도 높다. 이런 이유들 때문에 나는 재임기간 동안 신규 수출기업화와 수출중단기업 방지에 남다른 애정과 관심을 쏟았다. 앞으로 얼마나 많은 시간이 걸릴지 정확히 모르겠지만 중소 · 중견기업의 수출비중이 60~70%에 달하고 우리 경제의 체질이 튼튼해져 있을 그날을 기대해 본다.

수출 시장을 다변화하라

KOTRA 사장에 취임하고 나니 해외출장이 줄줄이 기다리고 있었다. 무엇보다 10개 지역본부를 순회하면서 무역투자확대 전략회의를 주재해야 했다. 연초부터 수출 실적이 좋지 않았기 때문에 가급적 상반기 안에 모든 지역의 방문을 마친다는 계획을 잡고 뛰었다. 그러다보니 한 달 사이에 두세 대륙을 방문해야 할 정도로 스케줄이 빡빡했다. 말 그대로 남행북주(南行北走)하는 상황이었다. 그때의 회의록들을 들춰보니 지역마다 수출의 기회요인을 발굴하려고 머리를 맞대 고민하고, 직원들을 독려한 흔적들이 엿보인다.

〈– 유럽이 다수의 국가, 무역관으로 구성되어 있어 다양하고 서로 다른 것 같지만 분야별, 권역별로 그룹핑을 하게 되면 유사한 점도 많음. 지역본부에서 관련 사업들을 분야별로 나눠 '주관–협력 무역관제'를 운영하는 것은 바람직함.

– 각 무역관에서도 '자기 사업'만 보지 말고 다른 무역관과 협업하여 시너지를 낼 수 있는 방안에 대해 고민해 주기 바람〉

–2015.3.21. 유럽지역 무역투자 확대전략회의록 중에서

〈– 대통령 중동 순방 때, 현지 무역관에서 노력을 많이 해서 1:1 상담회를 준비했고 성과가 커서 좋은 인상을 받음. 본업에 더 집중해서 조직과 인력을 보강할 수 있는 기회로 만들면 좋겠음.

– 유통 · 내수시장 진출확대 사업은 중소기업 수출역량 강화 범주보다 새로운 수출먹거리 창출로 분류하는 게 적합함. 구분이 애매모호한 것은 카테고리를 다시 정리할 필요가 있음.〉

–2015.3.23. 중동지역 회의록 중에서

〈– 아프리카 국가들은 잘 알려져 있지 않고, 국가마다 상황이 각양각색임. 통일된 프레임을 잡기 쉽지 않은 지역이므로, 4대 핵심사업 기준으로 사업을 재정리하면 방향성이 분명해 질 것 같음.

– 어려운 여건일수록 성과를 내면 돋보일 수 있음. 어려운 여건을 배려해 평가제도 시스템을 바꾸고 있으니 성과창출을 위해 좀더 힘을 내주기 바람.〉

–2015.3.27. 아프리카지역 회의록 중에서

특히 2015년에는 베트남을 제외한 10개 지역 모두 수출이 감소해 시장별로 기회요인 발굴에 힘쓰라고 당부했다. 수출부진이 심각한 만큼 단기에 성과를 낼 수 있는 품목을 발굴하고, 새로운 기회를 선점하기 위한 시장정보를 신속히 입수해 기업들에게 전파하라고 지시했다.

해마다 10개 지역본부를 순회하면서 무역투자확대 전략회의를 개최하고
지역마다 기회요인을 찾기 위해 머리를 맞대고 고민했다.

그런데 이런 단기적인 처방만으로는 지속적인 수출성장이 어렵고, 시장 다변화도 기대할 수 없다. 보다 큰 틀에서 해당국의 산업정책에 대한 흐름과 변화를 파악하는 것이 중요하다. 그래야만 미리 준비하고 대처할 수 있어 시장 진출에 따르는 어려움과 시행착오를 최소화할 수 있다. 그렇지만 대개의 기업들이 너무 눈에 보이는 비즈니스 환경에만 초점을 맞추는 경향이 있다. 그것은 물결이 일렁이는 파도만 보고 그 파도를 일으키는 바람에 대해 알지 못하는 것과 같다.

그래서 해외무역관에서 보다 큰 틀에서 주재국들의 정책 변화와 흐름을 파악하고, 기업들에게 진출전략을 전파할 것을 당부했다. 정치 사회 변동을 포함한 시장별 주요 이슈, 경제 및 산업정책 환경 분석, 품목별 경쟁 동향 등을 토대로 품목별 세부 진출전략 등을 제시해 기업의 해외시장 진출에 실질적인 도움이 되도록 하라고 독려했다.

이런 관점에서 시장 다변화 전략도 가다듬었다. 2015년 12월 기준, 우리 수출은 세계경기 침체 때 타격을 많이 받는 신흥국의 비중이 너무 높았다. 중국을 포함시키면 중동, CIS(독립국가연합), 아세안, 중남미, 아프리카 등 신흥국의 비중이 58%에 달했다. 따라서 선진국의 비중을 높이고 전략시장에 대한 맞춤형 진출전략으로 시장을 다변화해 수출 체질을 강화할 필요가 있었다.

이런 취지로 시장을 주력시장, 신흥시장, 전략시장으로 구분해서 각 시장별로 가장 적합한 맞춤형 진출전략을 수립하고자 했다. 먼저 주력시장은 소비시장 고급화 및 첨단 분야의 기술협력 수요를 확대해 새로운 수출동력을 확보하는 역할을 하도록 했다. 우선 중국은 부품 · 소재 자급률 제고 및 산업 경쟁력 고도화를 추진하는 '중국제조 2025'전략에 따라 중간재의 수입이 감소되는 반면, 소득증가와 해외직구 등 신유통채널의 부상으로 고급 소비재 시장이 확대되고 있다. 이에 따라 소득수준이 향상된 내륙시장을 중심으로 소비재 진출 노력을 강화했다. 이를 위해 내륙을 순회하는 한국우수상품전을 잇달아 열고, 온 · 오프라인 유통망 진출지원 사업도 연중 개최했다. 2015년 상반기 기준 대중 수출품목 중에서 소비재 비중은 5.3%에 불과했다. 이는 그만큼 성장잠재력이 크다는 의미이므로, 한 · 중 FTA와 한류를 활용해 신시장을 개척한다는 각오로 총력을 기울였다.

미국은 2.4%대의 소비시장 회복과 제조업 부흥정책(리쇼어링)에 대한 효과적인 대응이 중요했다. 그래서 소비재는 상대적으로 진입장벽이 낮은 한국계 유통망을 활용하거나 파워벤더를 활용해 진출 성과를 높이고자 했다. 또 부품소재는 글로벌 기업의 R&D 및 생산 확대에 대한 협력수요를 발굴해 진출 확대를 꾀했다.

중국과 미국은 우리 수출의 양대 기둥이다. 2015년 실적 기준, 중국은 26.1%, 미국은 13.2%로 두 나라를 합치면 우리 수출의 39.3%를 차지했다. 그런 만큼 이들 국가의 정책 변화와 흐름을 정확히 파악해 기업들에게 전파하는 것이 매우 중요하다. 이의 일환으로 2015년 중국과 미국에서 열린 정상회담 기간 중에 KOTRA는 1대1 비즈니스 상담회를 개최하여 우리 기업들의 현지 진출을 지원하고, 종합 일간지에 기고문을 잇달아 게재하면서 성과를 확산시키려고 힘썼다.

또 다른 중국시장이 열리고 있다

늦여름에서 초가을로 이어지는 절기를 중국 출장지에서 보냈다. 한류상품박람회(KBEE), 동북아박람회, 한중정상회담 경제사절단으로 이어진 일정을 소화하느라 열흘 정도 중국에 머물렀다. 중국 방문은 올해에만 벌써 다섯 번째다. 우리 수출의 4분의 1이 넘는 최대시장이니 방문이 잦을 수밖에 없다.

올 들어 우리의 대중 수출은 고전을 거듭하고 있다. 중국의 경기둔화와 위안화 평가절하 등의 영향으로 자동차, 철강, 석유화학 등 주종품목들의 수출감소가 크다. 뿐만 아니라 생산 코스트 상승에 따라 대중 수출의 절반이 넘는 중간재 중심의 가공무역도 점차 입지가 좁아지고 있다. 이런 이유로 올 들어 우리의 대중 수출은 7월까지 작년 대비 2.8%가 감소했다.

이런 전환기적인 국면에서는 우리의 중국 진출전략도 바뀌어야 한다. 이전에도 누차 강조해온 것이지만, 소비재 분야를 앞세운 중국 내수시장 공략은 아무리 강조해도 지나치지 않다. 중국 소비자들은 소득 수준의 향상과 친환경제품에 대한 관심 증대로 생활용품, 화장품, 의류 등의 분야에서 높은 구매력을 보인다. 따라서 한류의 영향으로 우리 소비재 제품의 선호도가 높은 점을 활용하면 중국 내수시장 진출에 상당한 탄력을 받을 수 있다.

실제로 내륙도시를 방문해보면 중국의 내수시장이 막 열리기 시작했음을 실감한다. 이들 시장은 우리의 또 다른 거대시장이다. 대중 수출품목 중에서 소비재가 차지하는 비중은 5.3%에 불과하다. 성장잠재력이 무한하다는 뜻이다. 이런 점에서 상하이에서 개최된 한류상품박람회와 한중 비즈니스 파트너십 행사는 소비재 품목의 중국시장 진출을 확대하는 의미 있는 자리였다.

사흘간 열린 한류상품박람회는 인기가 대단했다. 문화콘텐츠, 정보통신기술, 패션 및 미용, 프랜차이즈 등의 분야에서 많은 기업이 참가했는데, 계속 몰려드는 인파를 보면서 중국시장 개척의 밝은 미래를 엿볼 수 있었다. 특히 중소기업 제품과 한류스타를 접목한 스타 마케팅은 압권이었다. 대형 엔터테인먼트 기획사들과 손잡고 한류 비즈니스를 확대할 방안을 강구해야겠다는 생각이 들었다.

정상회담 기간에 개최된 한 · 중 비즈니스 파트너십도 다양한 신산업 분야에 진출하는 계기가 되었다. 양국 간 FTA 발효를 앞둔 시점에서 환경, 의료 · 바이오, 정보기술 등 중국의 신성장동력산업과 농식품 및 소비재 등 소비시장의 진출을 앞당기는 자리였다. 계약 추진 성과도 컸다. 두 차례에 걸친 1대1 상담회에서 총 43건에 2억 8천만 달러의 실질적 성과를 거뒀다.

이번 행사에서 입증되었듯이, 우리가 강점을 지닌 IT 융합과 문화콘텐츠 분야는 중국 내수시장 진출의 잠재력이 크다. IT기능이 접목된 가정용 의료기기들은 고급 소비시장 공략에 적합하고, 애니메이션 등 문화콘텐츠 분야는 대박상품이 될 수도 있다. 따라서 한류 열기를 상품과 산업 전반으로 확대하려는 치밀한 전략이 요구된다.

최근 중국경제의 향방에 대해 거시적인 관점에서 논란이 많다. 그러나 현지에서 느끼는 중국은 우려할 만큼 어렵지 않았다. 분명한 것은 갈수록 거대한 시장으로 변모하고 있다는 점이다. 비즈니스 면에서는 이런 변화를 감지하는 미시적인 시각이 더 중요하다고 본다. 중국 내수시장 공략에 속도를 높일 때다. 또 다른 중국시장이 열리고 있다.

–2015.9.14. 동아일보 기고

지금이 거인의 어깨 위에 올라탈 적기(適期)다

뉴욕의 맨해튼은 활기가 넘쳤다. 혁신기업들이 쏟아져 나오면서 새로운 개념의 시장을 창출하고, 글로벌스탠더드를 새로 써내려가는 열기가 곳곳에서 느껴졌다. 왜 이곳이 실리콘밸리와 런던 등을 제치고 전 세계 창업환경 1위 도시로 선정돼 '실리콘 앨리(Silicon Alley)'로 불리는지 실감났다.

변화는 국내 스타트업(Startup : 창업기업)을 대하는 자세에서도 느껴졌다. 세계 금융의 중심인 뉴욕에서 한국의 창업기업들이 제대로 눈길 한번 받은 적이 있었던가. 그런데 이번 한 · 미 정상회담의 연계 행사로 열린 한 · 미 스타트업 행사는 에인절 투자자 50여명과 비즈니스맨 수백 명으로 붐볐다.

이런 모습을 보니 미국 경제의 역동성을 우리의 재도약 기회로 삼아야 한다는 생각이 절로 들었다. 글로벌 경기침체 속에서도 미국은 선진국 중 '나 홀로 성장'을 지속하고 있다. 지난 2분기 미국의 GDP성장률은 3.9%를 기록했다. 최대 GDP 국가, 최대 수입시장, 최대 소비국(GDP 대비)인 거인의 귀환이다.

어떻게 돌아온 거인의 어깨 위에 올라탈 것인가. 우리의 '제조업 혁신 3.0'과 미국의 '메이킹 인 아메리카(Making in America)' 정책을 연계한 첨단산업의 협력 확대를 우선 꼽을 수 있다. 이를 위해서는 글로벌 기업의 밸류체인(기업활동에서 부가가치가 생성되는 과정)에 진입하는 것이 중요하다. 글로벌 파트너십(GP) 프로그램으로 글로벌 기업과 우리 중소 · 중견기업을 연결해 부품 및 소재를 공급하는 방식이다. 이미 다수의 성과를 거두고 있는 자동차 부품을 비롯해 항공 등 첨단 분야로 범위를 확대해야 한다. B2B 방식의 밸류체인에 포함되면 글로벌 기업으로부터 핵심역량을 전수받아 중소 · 중견기업이 글로벌 전문기업으로 성장하는 사다리를 구축해 신성장동력이 될 수 있다.

미국의 경기 회복에서 새로운 먹거리를 찾아내는 매의 눈도 요구된다. 먼저 연평균 15% 이상 성장하는 온라인을 통해 소비재 분야를 공략해야 한다. 미국은 대형 유통망 중심의 시장이므로 온라인 유통 벤더를 활용한 우회 진출도 요구된다. 정부조달 분야와 인구가 급증하는 라티노 · 아시안계 시장도 잠재력이 매우 크다. 이번 정상회담 기간에 KOTRA가 워싱턴과 뉴욕에서 개최한 1대1 상담회를 통해 확인된 소비재, IT · 보안, 의료, 기계장비 분야 등의 성과를 확산시켜 중소 · 중견기업들을 수출 주역으로 육성하면 '제2의 무역입국'을 이룰 수 있다.

끝으로, 우리의 스타트업들이 미국의 창업 생태계에서 글로벌 경쟁력을 갖추도록 적극 이끌어주어야 한다. 뉴욕타임즈는 올 6월에 '실리콘밸리는 서울로부터 무엇을 배울 수 있나(What Silicon Valley can learn from Seoul)'라는 제목의 기사에서 한국의 발전한 디지털화 수준과 이를 기반 삼아 글로벌 기업을 꿈꾸는 스타트업들을 집중 조명했다. 미국은 스타트업들이 글로벌 기업으로 성장할 수 있는 가장 비옥한 토양이므로, 국내 스타트업들의 성공신화 창출을 적극 지원해야 한다. 미국경제의 부활을 우리 경제가 재도약하는 기회로 삼아야 한다. 지금이 거인의 어깨 위에 올라탈 적기다.

–2015.10.27. 조선일보 기고

이밖에 EU와 일본 지역의 정부정책 변화 및 산업 재편을 우리 기업의 진출 기회로 적극 활용하고자 애썼다. EU 중에서 영국은 핀테크 · 사물인터넷 · 무인자동차 집중육성정책을 펴고, 프랑스는 미래산업 육성기금(100억 유로)을 운영하는 등 산업 재편이 추진되어 미래기술 R&D의 협력 수요에 대응하는 것이 중요했다. 이에 ICT 융복합, 기계 · 부품소재 · 의료바이오 등 R&D 프로젝트 발굴, 의료기기 R&D 등에서 협력이 확대되도록 노력했다. 또 일본은 엔화강세 및 2020년 도쿄올림픽 특수에 따른 기계, 부품류 수요 호조가 기대되고, 아베 정부의 성장전략에 따라 사물인터넷, 빅데이터, AI(인공지능), 로봇 등 4대 첨단 분야에 대한 협력수요가 확대되고 있어 ICT 및 전력기자재 분야의 산업별 특수를 최대한 활용하도록 했다.

다음으로 신흥시장은 소비수준 향상과 중간재 수요가 많아 국가별로 고성장 유망분야를 공략하는 것이 중요했다. 아세안은 중국에 이은 제2의 수출지역이면서 성장잠재력도 높은 6억 명 규모의 내수 소비시장이므로, 한류 열풍을 활용해 소비시장 진출이 확대되도록 노력했다. 특히 젊은 소비층의 구매력이 확대되고 모바일 보급으로 전자상거래가 연평균 32% 성장하고 있어 온라인 및 홈쇼핑을 통한 시장진출에 관심을 기울였다. 이 중에서 베트남은 5~6%의 경제성장으로 소비시장이 빠르게 확대되고 있어 우수상품전 및 소비대전 등을 개최해 한류를 활용한 프리미엄 시장 확대를 위해 노력했다. 또한 우리 중소 · 중견기업들이 자동차 및 전자 등에서 글로벌 가치사슬의 진입기회를 적극 활용할 수 있도록 힘썼다.

그리고 중남미는 한 · 중미 6개국(니카라과, 엘살바도르, 온두라스, 코스타리카, 파나마, 과테말라)과의 FTA 타결로 조달시장과 소비시장 진출을 강화했다. 특히 소비시장은 중산층 확대에 따른 구매력 증대 및 전자상거래 시장의 급성장에 대응해 현지 온라인 유통망 입점 등을 적극 추진했다. CIS는 러시아 경제위기로 인한 내수시장 침체 속에 기계설비, 의료산업, 농식품 등 틈새 분야의 발굴을 적극 지원했다. 또 러시아와 유럽 간의 갈등으로 인해 의료 및 미용 분야의 대체 공급선 발굴 수요가 늘어나는 것을 기회로 활용하도록 했다.

이밖에 중동은 인구 증가와 생활수준 향상에 따른 현대적 소비문화의 확산으로 식품 및 미용용품 등 할랄 제품의 수요 증가에 대비하도록 했다. 또 아프리카는 신흥 중산층의 확대와 도시화로 다양한 기호와 소비형태가 등장해 생활소비재 분야의 진출 확대를 위한 한국상품전 및 유통망 진출을 지원하는 활동에 힘을 기울였다.

끝으로, 전략시장은 먼저 인도 시장의 진출 속도를 한층 높여 나갔다. 인도는 구매력 기준, 중국과 미국에 이은 세계 3위의 경제대국으로, 13억의 인구에 중산층 규모가 빠르게 확대되고 있어 고급 소비재 진출을 위한 지원사업에 집중했다. 또 'Make in India'정책으로 산업고도화를 추구하면서 친외국인투자제도를 시행하고 있어 우리 기업들이 전기전자, 자동차, 화학, 기계류 등의 분야에서 현지 생산을 확대해 중국에 집중돼 있던 글로벌 가치사슬을 대체할 수 있도록 노력했다.

그리고 이란은 미국의 경제제재 해제에 따른 석유산업, 인프라 건설 분야 등의 시장 확대를 지원하기 위해 비즈니스 파트너십, 우수상품전, 민관합동 사절단 파견 등을 추진했다. 이밖에 미얀마는 민주정부 출범과 경제제재 해제로 대외 개방정책을 적극 추진하고 있어 수출 · 투자 융복합형 사절단을 잇달아 파견하면서 진출기회를 확대하는데 집중했다.

전략시장은 경쟁국 대비 우리가 갖고 있는 강점을 최대한 활용해야 기회를 선점할 수 있다. 이런 점에서 특히 거대한 인도시장은 우리에게 내수시장 진출과 글로벌 가치사슬 측면에서 전략적으로 매우 중요하다. 최근 인도는 모디 총리의 탁월한 리더십아래 경제 사회 전반에서 매우 빠르게 변모하고 있어 기회를 선점하기 위한 우리 기업들의 발 빠른 대응이 중요하다. 변화 속의 기회를 잡는데 도움이 되도록 언론에 기고했던 글을 소개한다.

인도의 변화와 우리의 기회

인도가 빠르게 변화하고 있다. 비행기 타고 갈 때의 마음과 돌아올 때의 마음이 이렇게 다른 적이 흔치 않다. 아직 가능성의 나라로만 여겨지던 인도가 성큼 우리 앞에 다가와 있음을 실감했다. 지난해 1월 처음 뉴델리를 방문했을 때는 실망감이 컸다. 거리는 노숙자와 소 · 돼지 등 가축이 뒤섞여 지저분하기 짝이 없었다. 쓰레기를 치우는 계급이 따로 있어서 그들 아니면 아무도 청소를 하지 않는다고 했다. 민족 · 계급 · 종교가 혼재돼 있는 사회가 과연 변할 수 있을지 의문이 들었다. 그런데 지난 9월에 다시 가본 뉴델리는 달라져 있었다. 쓰레기도, 가축들도 거의 사라졌다. 1년 반 사이에 이렇게 변할 수 있다는 사실에 놀라지 않을 수 없었다.

변화의 요인은 실천하는 리더십이다. 아무리 제도가 변해도 실제로 생활이 바뀌는 것은 쉽지 않다. 그런데 모디 총리가 독립기념일 연설에서 '뉴 인디아 건설'을 천명하고 변화에 앞장섰다. '클린 인디아(Clean India)'가 대표적이다. 마하트마 간디의 꿈이었던 깨끗한 인도를 만들기 위해 총리가 직접 빗자루를 들고 길을 쓸기 시작했다. 실천하는 지도자의 모습에 국민들이 호응하면서 국가의 역량이 한 방향으로 결집되고 있다.

인도는 2014년부터 연평균 7%를 넘는 고성장을 이어가고 있다. 그 결과 내수 소비시장이 빠르게 성장하고 있다. 인도 정부는 화폐와 주민증시스템을 개혁해 세수를 대폭 늘려 인프라 투자에도 적극 나서고 있다. 또 각종 규제를 폐지해 외국인투자기업 유치에도 매우 호의적인 환경을 조성하고 있다. 따라서 이런 변화를 우리 기업들의 진출기회로 적극 활용해야 한다.

먼저 역동적으로 성장하는 인도 소비시장에 주목해야 한다. 13억 인구 중 1억 8,000만 명에 달하는 중산층을 중심으로 소비재 시장이 급성장하고 있다. 따라서 한국의 프리미엄 이미지를 활용한 마케팅으로 소비재 시장을 적극 공략해야 한다. 특히 청년층 및 여성층이 소비를 주도하면서 구매 품목이 매우 다양하다. 또 모바일 기기를 활용하는 소비시장의 성장세가 뚜렷하다. 따라서 제품과 영화, 음악, 게임 등 문화콘텐츠 분야를 중심으로 젊은 디지털 세대의 취향에 맞추어 소비시장을 개척해야 한다.

그리고 인도는 제조업 파트너로서도 매우 유망하다. 일자리와 성장동력 창출을 위해 제조업 육성을 갈망하고 있다. 인도 정부는 'Make in India' 정책으로 글로벌 제조업 허브로의 도약을 꿈꾸고 있다. 자동차 · 철강 · 섬유 등 제조업 기반과 풍부한 인력, 우수한 창업 생태계를 보유하고 있어 우리의 글로벌 가치사슬 파트너로 적합하다. 따라서 현지 투자를 통한 내수시장 진출은 물론, 제3국 진출의 파트너로서도 전략적인 중요성이 높다. 또한 우리가 가진 하드웨어 분야의 강점과 인도의 소프트웨어 서비스를 결합하면,'메이크 위드(Make with)' 관점에서 바람직한 협력 모델을 만들 수 있을 것이다.

인도는 '포스트 차이나' 시대에 중요한 전략적 동반자가 될 수 있다. 우리는 지금 대중국 무역투자 의존도를 줄이면서 시장을 다변화해야 한다. 이를 위해서는 1차적으로 베트남을 필두로 동남아 지역이 대안이 되고 있지만, 그 다음으로 인도의 역할을 기대할 수 있다. 인도는 우리 기업에 대한 좋은 이미지를 갖고 있다. 삼성, 현대, LG 등 대기업이 구축해 놓은 좋은 브랜드 이미지와 네트워크는 우리 중소기업이 진출하는데 상당한 이점으로 작용할 것이다. 인도와 중국이 국경분쟁으로 오랜 갈등관계에 있는 것도 우리에게 기회요인이 될 수 있다.

얼마 전까지만 해도 우리 기업들에게 인도는 아직 먼 나라였다. 잠재성이 많아서 흥미는 있지만, 아직은 때가 아니라면서 돌아서곤 했다. 그런데 이제는 아니다. 인도의 변화와 더불어 굉장한 가능성이 눈앞에 펼쳐지고 있다.

–2017.11.3. 아시아경제 기고

시장을 다변화하기 위해 기울여온 노력은 차츰 성과로 나타나고 있다. 우선 주요 시장에서 모두 수출이 증가한 것이 고무적이었다. 2017년 9월 기준, 미국 · EU · 일본 등 선진국과 중국 · 아세안 · 베트남 · 인도 · CIS · 중동 · 중남미 등 모든 신흥국으로의 수출이 증가했다. 특히 아세안과 베트남으로의 수출은 사상 최대 실적을 기록했고, 대인도 수출도 2017년 1월부터 9개월 연속 두 자리 수 증가를 기록했다.

이런 수출 호조 속에 시장 다변화도 진전되었다. 지역별 수출비중(2016.1~9→2017.1~9)을 보면, 아세안 15.0%→16.5%, 인도 2.3→2.8%, CIS 1.4%→1.7% 등으로 주요 신흥 및 전략시장의 수출비중이 증가했다. 또한 선진시장 중에서 EU 수출비중이 9.3%→9.8%로 증가한 것도 고무적이었다. 반면에 중국 24.7%→23.8%, 미국 13.7%→12.1%로 각각 감소해 중국과 미국 의존도가 줄어들어 시장 다변화 효과를 체감하게 했다.

시장 다변화는 앞으로도 지속적으로 추진되어야 한다. 그래야 어느 특정 지역의 수출이 타격을 받아도 다른 지역에서 거둔 실적으로 버텨낼 수 있다. 또한 다양한 지역에서 고른 성장이 가능해야 지속적인 수출성장도 기대할 수 있다.

한류를 활용한 소비재 · 서비스 진출 지원

세상의 모든 일에는 명과 암이 있기 마련이다. 돌아보면 우리 수출도 그렇다. 1970년대 중화학공업 육성정책은 우리 수출의 비약적인 성장을 이끈 지렛대 역할을 했다. 이에 힘입어 우리나라는 짧은 기간에 무역강국 대열에 올라설 수 있었다. 반면에 이는 우리 수출구조를 대기업 중심의 13대 주력품목 위주로 고착시키는 주요 요인이었다. 이들 품목의 수출비중이 너무 높아 품목을 다변화하지 않으면 더 이상의 수출성장을 기대하기 힘들어진 것이다.

2015년 12월 기준, 13대 주력품목의 수출비중은 무려 79%에 달했다. 세계 평균이 47%인 것에 비하면 너무 높은 수준이었다. 13대 주력품목은 반도체, 철강, 선박류, 자동차, 석유화학, 석유제품, 일반기계, 무선통신기기, 평판디스플레이, 자동차부품, 섬유류, 가전, 컴퓨터 등을 의미한다. 이들 품목은 주요 국가들 간에 수출 경합이 심해 갈수록 경쟁력이 떨어지고 있다. 이로 인해 이들 품목에 대한 수출비중이 상대적으로 높은 우리나라가 세계경기 침체 등의 영향으로 더 큰 타격을 받았다. 실제로 2015년에 전체 수출이 7.9% 감소한 데 비해 주력품목 수출은 9.4%가 줄었다.

이처럼 주력품목의 경쟁력이 저하되자 이를 대체할 새로운 품목 육성이 시급했다. 이 무렵, 세계교역의 둔화에도 불구하고 소비재 수요는 증가하고 있었다. 전세계 총 수입액 중에서 소비재 비중은 2012년 21.2%에서 2014년 22.7%로 늘어났다. 특히 중국의 경제정책이 수출에서 내수로 전환되고, 두 자녀 정책을 시행함에 따라 소비재 수요가 급증할 것으로 예상되었다. 또 신흥국의 중산층 인구가 빠른 속도로 증가하고 있어 소비재 수요는 지속적으로 늘어날 것으로 전망되었다.

이런 추세 속에서 우리나라의 소비재 수출도 증가세를 보였다. 2015년에 화장품은 55%, 의약품은 33%가 각각 늘어났다. 그렇지만 전체 수출 중에서 소비재 비중은 5.5%(2015년 기준, 자동차 및 휴대폰 포함시 17.6%)에 불과했다. 이에 따라 경기 변동에 민감하지 않고 수요가 지속적으로 늘고 있는 소비재 시장을 공략하는 것이 중요했다.

소비재 못지않게 서비스 산업도 새로운 수출산업으로 육성하기 위해 많은 지원과 관심이 요구되었다. 서비스 산업은 고용과 부가가치 비중이 커지면서 경제에 미치는 영향이 갈수록 커지고 있다. 반면 우리나라의 서비스 산업은 제조업 위주의 정책과 서비스 R&D의 부족, 각종 규제 등으로 선진국에 비해 미흡한 상황이다. 고용은 증가하고 있지만 부가가치는 정체되어 있다. 이에 정부는 우리 경제의 효율성과 역동성을 제고하기 위해 2016년 7월 '서비스경제 발전전략'을 수립하고 의료, 관광, 콘텐츠, 교육, 금융, 소프트웨어, 물류, 지재권, 유통 등 9대 유망서비스를 육성하고 있다.

소비재와 서비스 품목을 새로운 수출품목으로 육성하려면 한류를 마케팅 수단으로 활용하는 것이 중요하다. 그래서 나는 해외 출장을 갈 때마다 지구촌 곳곳에서 한류의 인기를 실감하면서 어떻게 하면 한류의 경제적 효과를 높일 수 있을까 많이 고민했다.

대만에서 최고의 한국통으로 불리는 주리시(朱立熙) 대만대 교수에 따르면 한류의 성공 요인은 1987년 민주화 이후의 '표현의 자유'에 있다고 한다. 군사정권에서 벗어나 다원적 가치가 존중되는 자유로운 분위기에서 우수한 작품이 만들어졌고, 그것이 개방화 조류를 타고 아시아 전반으로, 그리고 전 지구적으로 확산되었다는 것이다. 이는 홍콩이 중국에 반환되어 표현의 자유가 움츠러들면서 홍콩 영화가 쇠락한 것과 대조를 이룬다는 것이 그의 주장이다.

그의 의견에 충분히 공감한다. 여기에 더해 나는 한류의 발생 과정을 살펴보면 한류를 좀더 깊게 이해하는데 도움이 된다고 생각한다. 한국은 불과 몇 십 년만에 최빈국 수준에서 세계 10위권의 경제대국으로 성장했다. 이는 비슷한 처지에 있던 국가들에겐 큰 부러움과 동경의 대상이다. 그래서 그들은 한국의 문화와 제품 등에 관심을 갖게 되었고, 그러다 보니 굉장히 흥미롭고 자신들이 갖지 못한 역동성도 느끼게 된 것이다. 한국을 따라 배우게 되고,

2016년부터 대한민국 소비재 수출대전을 개최하여
소비재 수출상담을 지원했고, 글로벌 파워벤더와 파트너십을
통해 해외 유력 유통망에 진입할 수 있도록 힘썼다.

한국에 와서 기회를 잡고 싶은 마음도 저절로 생기게 된다. 그래서 한글을 배우고, 한국 음악과 드라마에 열광하게 되다보니 자연스럽게 한류가 인기를 끌면서 확산된 것이다. 이런 모습은 요즘 선진국에서도 느낄 수 있다. 과거와 달리 선진국들도 한국의 발전된 모습을 인정하면서 한국을 바라보는 인식이 바뀌었다. 이런 이유로 한류는 아시아를 넘어 거의 모든 지역으로 확산되어 있는 것이다.

소비재와 서비스 산업을 수출하는데 한류만한 우군은 없다. 한류를 이들 품목의 수출을 확대하는 기회로 활용하려고 많은 노력을 기울였다. 2016년 8월 소비재산업실을 신설하고 화장품, 의약품, 농수산식품, 생활유아용품, 패션의류 등 5대 유망소비재의 수출을 확대하기 위해 대규모 한류 마케팅 행사를 개최했다. K-뷰티 · 푸드 · 패션 등 한류 붐이 일고 있는 소비재를 통합하여 공연 및 팬사인회 등과 연계된 한류박람회를 중국 등지에서 다수 개최하면서 수출 붐을 조성했다. 또 2016년부터 대한민국 소비재 수출대전을 개최하여 소비재 수출상담을 지원했고, 글로벌 파워벤더와 파트너십을 통해 해외 유력 유통망에 진입할 수 있도록 힘썼다.

사장으로서 나는 국내외를 넘나들면서 이런 행사에 최대한 참석하려고 노력했다. 부스를 돌면서 해외 바이어들과 국내 참가 기업들을 격려하고 응원했다. 특히 소비재와 서비스 산업은 수출품목의 다변화는 물론 고용창출에도 기여하는 바가 커 조금이라도 성과를 더 내려고 일심동체로 뛰었다. 수출부진이 심각한 때였던 만큼 당시에 개최된 마케팅 행사들은 전례 없이 큰 규모로 치러졌기 때문에 행사를 준비하느라 직원들의 고생이 무척 많았다. 그런 덕분에 행사장은 열기로 가득했고, 예상을 뛰어넘는 성과들을 거둘 때면 함께 환호하면서 기뻐했다. 해외무역관, 지방지원단, 본사 관련 직원 모두의 노력을 잊을 수 없다.

이런 노력들에 힘입어 소비재 수출이 크게 확대되었다. 2016년 실적 기준, 5대 유망 소비재의 수출은 전년 대비 13.6%가 증가했다. 연간 총 수출이 5.9% 감소한 것과 대조적이었다.

서비스 산업의 수출을 확대하기 위한 노력도 이때부터 본격화되었다. 2016년 8월 서비스산업실을 신설해 해외진출 지원체계를 확충하는 한편, KOTRA 주도로 민관 협의체를 구성해 지원사업을 수행해 나갔다. 또 대한민국 서비스산업 해외진출대전(KSCM)을 통해 분야별로 전문기관과 협업해 콘텐츠 이외에 교육, 의료, 유통, 금융 등의 분야까지 지원함으로써 서비스산업의 대표 수출 플랫폼으로 자리매김하도록 했다.

아울러 분야별로 해외진출이 유망한 기업을 선정해 해외무역관에서 특화사업으로 중점 지원하도록 함으로써 적지 않은 성과를 거두었다. 도쿄무역관의 캐릭터 활용 기프트 쇼, 뉴욕무역관의 교육콘텐츠 맞춤형 컨설팅 등이 그것이다. 이밖에 제조업 서비스 분야에 있어서도 전력, 제조설비, 전자 등 제조업과 연계된 부가서비스의 수출을 지원하고 있는데 앞으로 큰 성과가 기대된다.

수출품목의 다변화를 위해서는 의료 · 바이오 분야도 빼놓을 수 없다. 세계

의료시장은 연평균 6.4% 성장해 2020년 시장규모는 11.5조 달러에 이를 것으로 전망된다. KOTRA는 바이오 · 메디컬 플라자, 의료 · 바이오 해외로드쇼, 의료 · 바이오 선도기업 육성사업 등을 집중 지원하면서 수출 성과를 높이려고 노력하고 있다. 또 기존의 병원시스템 수출을 확장해 병원시스템에 검진센터 등까지 결합한 방식으로 해외에 진출하도록 지원해 중국, 이집트, 남아프리카공화국 등 다양한 지역에서 성과를 거두어 전망을 밝게 하고 있다.

우리 수출은 큰 전환기를 맞이하고 있다. 대기업 및 제조업 위주의 주력품목에서 벗어나 중소 · 중견기업 중심의 소비재, 서비스 및 신산업 분야로 품목을 다변화해야 한다. 한류를 잘 활용하면 수출 품목을 다변화하는데 많은 도움을 받을 수 있다. 한류가 전지구적으로 확산되어 있는 지금이 소비재와 서비스 산업의 수출을 늘릴 수 있는 적기가 아닌가 생각한다.

수출방식을 다변화하다

트렌드 변화에 따라 뜨는 사업이 있는 것처럼 수출방식에도 새로 부상하는 것들이 있다. 그 중에 대표적인 것은 전자상거래를 통한 수출이다. 인터넷과 스마트 모바일의 대중화에 힘입어 전세계적으로 온라인 마켓이 급성장하면서 전자상거래 방식의 수출도 크게 늘고 있다. B2C(기업과 소비자간 전자상거래) 기준, 2014년에 1조 4,710억 달러 규모에서 2018년에는 2조 350억 달러로 불과 4년만에 2배 가깝게 늘어날 것으로 전망되고 있다.

내가 KOTRA 사장에 취임할 무렵, 우리나라의 온라인 수출은 걸음마 단계였다. 2014년 기준 온라인 수출은 2,800만 달러에 불과해 무역 적자액이 15억 1,700만 달러에 달했다. 세계 최고 수준의 IT강국에 세계 8강 무역대국의 위상이 무색하게 느껴질 정도였다.

2015년 4월 중남미 경제외교 순방에 동행했던 나는 우리 중소기업들이 온라인 수출을 확대할 수 있도록 각별한 노력을 기울였다. 중남미의 온라인 시장은 매년 25%씩 성장하며, 시장 규모도 700억 달러에 달했다. 따라서 지리적인 한계를 뛰어넘어 우리 중소기업의 제품들이 현지에 진출할 수 있도록 전자상거래 유통 플랫폼을 제공하려고 중남미 각국의 전자상거래협회 및 온라인 유통사들과 총 6건의 MOU를 체결했다.

전자상거래 방식의 수출은 장점이 많다. 기업 입장에서 해외 바이어를 만나고 수출 거래선을 뚫기 위해 들이는 비용과 시간을 대폭 줄일 수 있다. 뿐만 아니라 좋은 상품만 있다면 온라인상으로 정보를 제공하면서 수출 기회를 잡을 수 있다. 그런데 이런 이점을 살리려면 넘어야 할 과제가 많다. 중소기업 입장에서는 현지 온라인 마켓에 입점하는 것 자체로 성공을 보장받을 수 없다. 현지 전자상거래 기업과 협력관계를 구축하는 한편 원거리 물류의 문제를 해결해야 하고, 재고관리 · 지불 · 반품 · AS 등 종합적인 대책이 선행되어야 한다는 것을 중남미 출장길에서 깊게 느꼈다.

이런 인식아래 2015년 8월 유통전자상거래팀을 신설하고 온라인 마켓을 통한 수출방식이 정착될 수 있도록 노력했다. 먼저 온라인 마켓 진출지원을 확대하기 위해 KOTRA, 중소기업진흥공단, 무역협회 3자 간에 MOU를 체결하고 해외진출 유망 소비재 기업을 공동 발굴했다. 그리고 중국, 미국, 아시아, 중남미 등 주요 권역별로 글로벌 온라인 마켓 플레이스 입점을 지원해 2015년 한 해 동안 17개 해외 온라인 마켓 플레이스에 163개 업체가 입점하는 성과를 거두었다.

2016년부터는 지원방식을 한 차원 끌어올렸다. 온라인 마켓 플레이스의 입점에 치중하던 방식에서 벗어나 입점, 마케팅, 물류, 금융까지 전체 주기를 지원하는 방식으로 전환해 보다 경쟁력을 갖춘 환경에서 수출 성과를 높일 수 있도록 했다. 또 중소기업 대상으로 물류 및 통관을 지원해 원가경쟁력도 확보할 수 있도록 했다. 이를 위해 LA 등 8개 물류지원센터를 풀필먼트(Fulfillment) 서비스를 수행하는 물류센터로 새로 지정했다. 풀필먼트란 물류창고를 기반으로 판매자의 상품보관, 주문관리, 상품포장, 배송, 반품처리 등을 일괄적으로 제공하는 온라인 거래 물류지원 서비스를 말한다.

이런 노력들을 통해 온라인 수출 지역을 다변화해 나갔다. 기존의 중국과 미국 위주에서 벗어나 터키, 호주, 동남아 등으로 다변화를 추진한 결과, 2016년에는 총 13개국 41개 온라인 플랫폼에 263개의 한국 기업이 입점하는 성과를 거두었다.

한편 온라인 B2B(기업간 거래) 플랫폼을 활용한 새로운 시장개척에도 적극 나섰다. 이를 위해 KOTRA가 운영하는 B2B 전자상거래 플랫폼인 바이코리아(buyKOREA) 서비스를 개선해 나갔다. 바이코리아는 제품의 홍보부터 배송까지 온라인 마케팅 전과정을 지원하는 유통 플랫폼이다. 플랫폼 기능을 더욱 활성화하기 위해 2016년에 국내 중소기업의 우수상품 등록을 대폭 늘리고, 글로벌 포털 및 SNS를 활용해 해외 바이어를 확충했다. 또 2017년에는 중소기업들이 결제현황 및 대금 정산을 간편하게 확인할 수 있도록 글로벌 결제수단인 페이팔(Paypal) 도입을 추진했다.

수출방식을 다변화하기 위해 전자상거래 방식 수출을 확대하고, G2G(정부간 교역) 방식을 통한 일반물자 및 방산물자의 수출도 활성화해 나갔다.

또 스마트폰 보급 및 정품(正品) 수요 확산으로 주목받는 O2O(온·오프라인 연계 서비스) 거래도 지원해 나갔다. 중국의 O2O 시장은 2016년 973억 달러로 매년 25% 이상 늘어날 것으로 전망되었다. 이에 중국과 베트남에서 한류상품전 등과 연계하여 유동 인구가 많은 장소에서 O2O 체험 매장을 운영하면서 상담회도 개최했다. 이밖에 중국 소비 트렌드에 큰 영향을 미치고 있는 파워블러거 집단인 왕홍(網紅)을 활용해 다양한 온라인 판촉전을 개최했다.

우리 기업이 신시장을 확대하려면 권역 및 국가별로 온·오프라인 대표 플랫폼 사업에 골고루 참여해야 한다. 이를 위해 KOTRA는 2017년부터 컨퍼런스, 기업설명회, 입점상담회 등을 하나로 묶어 설명하는 세계 유통시장 진출 쇼케이스 사업도 추진하면서 신유통 트렌드에 부응해 우리 기업들이 활발히 해외에 진출하도록 지원하고 있다.

내가 새로운 수출방식으로 관심을 기울인 또 한 가지는 G2G(정부간 교역)를 활용한 일반물자 및 방산물자의 수출이다. KOTRA는 2014년 7월 대외무역법 개정으로 G2G 전담기관으로 지정되었다. 일반물자 및 방산물자 교역은 정부간에 계약·산업협력·금융지원 등이 결합된 종합 패키지 형태로 진행되기 때문에 정부 및 유관기관 담당자들의 전문적인 지원이 필요하다. 그래서 나는 KOTRA가 G2G 전담기관다운 위상을 갖추도록 전문성을 높여 지원역량을 강화하려고 힘썼다.

일반물자 교역을 확대하기 위해 사업설명회 개최, 사업별 협력체계 구성,

우선협상대상자 MOU 체결 주도, 기술자문 제공 등을 지속적으로 제공하는 한편 계약, 금융, 보증 분야별로 전문인력을 보강했다.

방산물자의 수출을 위해서는 맞춤형 사업을 확대하고 전문성을 높여 나갔다. 이의 일환으로 프로젝트의 발굴 및 수주 지원과 금융 및 계약 지원 인프라를 확대해 발굴, 계약, 사후관리 등의 단계별로 지원활동을 고도화했다. 또 주요 방산 수출 대상국에 방산선도무역관을 추가해 현지 정보수집 및 지원 기능을 강화했다.

이런 활동들에 힘입어 차츰 성과들이 늘어나 전망을 밝게 하고 있다. 먼저 일반물자의 경우, 2015년 12월 페루에 지능형 순찰차 2,108대 및 IT장치를 공급하는 계약을 체결했다. 계약은 페루 내무부-KOTRA-포스코대우 등 3자 계약으로 이루어졌으며, 총 금액은 8,200만 달러 규모이다. 참고로, KOTRA는 2012년에 1차로 지능형 순찰차 800대를 공급했다. 이는 일반물자 최초의 G2G 성약사례로, 당시는 법 개정 이전이라 KOTRA가 정부로부터 권한을 위임받아 계약을 체결했다. 또한 2017년 5월에는 미얀마에 스쿨버스 200대를 공급하는 계약을 체결했다. 계약은 양곤 주정부-KOTRA-포스코대우-양곤버스공사 등 4자 계약으로 이루어졌다.

그리고 방산물자의 경우, 2017년 3월 핀란드에 K9 자주포 48문을 총 1억 4,500만 유로에 공급하는 계약을 체결해 진입장벽이 높은 EU 방산시장 진출에 성공하는 성과를 거두었다. 이후 유럽의 E국에서도 동일한 방식의 계약을 희망해 현재 협상이 진행 중이다. 이밖에 2017년 11월 현재 몇 건의 G2G 방산물자 수출 계약이 추진 중이다.

이처럼 온라인 마켓과 G2G 시장 규모가 빠르게 커지고 있다. 수출 확대를 위해서는 새롭게 부상하는 이들 시장에 대한 공략을 서둘러야 한다. 기회를 선점할 수 있도록 KOTRA는 전자상거래와 G2G 등 새로운 수출방식에 적극 대처해 나갈 계획이다.

우리 경제에 도움이 되는 투자유치

KOTRA 사장으로 취임하면서 많이 고민하며 생각을 가다듬은 분야 중의 하나가 외국인투자유치이다. 1998년 외환위기를 극복하는 과정에서 KOTRA에 외국인투자유치 기능이 새로 부여되었다. KOTRA는 외국인투자유치 전담조직(Invest Korea)을 두고 산업통상자원부와 긴밀한 협력아래 그 기능을 수행하고 있다. 정부와 KOTRA가 그동안 많은 노력을 기울여온 결과 한국에 진출한 외국기업이 15,000개사가 넘었으며, 2014년 기준 사상 최고인 170억 달러(신고 기준)의 투자유치를 달성하는 등 외형적인 성장을 거두었다. 그런 만큼 이제는 국민 경제에 기여하는 기업을 중심으로 유치를 강화해 질적인 내실화가 필요한 시점이라고 생각했다.

우리 경제에 도움이 되는 외국인투자유치란 어떤 것인가? 우리 산업의 경쟁력을 높이는데 도움이 되는 것은 물론 수출과 일자리 창출에도 도움이 되어야 한다. 취임하자마자 나는 이런 구상들을 실행에 옮겼다. 2015년은 글로벌 경기침체와 저유가 영향으로 연초부터 수출 부진이 심각했다. 이를 타개하기 위해 한 · 중 FTA를 활용하여 중국 자본유치에 힘썼다. 중화권 투자유치 플랫폼 사업으로 '차이나 위크(China Week)'를 처음 개최해 지자체, FEZ(경제자유구역) 등과 협력하여 다양한 분야에서 투자유치 성과를 거두었고, 산업 및 지역별로 총 20회 가까운 중국 투자유치단을 파견했다. 이런 노력으로 대중국 투자유치는 2014년 11.8억 달러에서 2015년에 19.8억 달러로 66%가 늘었다. 또 그동안 부동산 투자에 70% 이상 편중돼 있던 투자가 금융, 유통, 기계, 문화 · 오락 등으로 다양해졌다.

이와 함께 중동 지역의 투자유치를 확대하기 위해 정상외교를 적극 활용했다. 중동은 '포스트 오일 시대'를 대비해 산업다각화 전략을 추구하면서 대외투자에 매우 적극적이다. 그래서 3월에 열린 중동 4개국 정상외교를 투자유치의 기회로 활용하기 위해 KOTRA는 치밀하게 준비했다. 2월에 쿠웨이트, 카타르, 사우디아라비아에 투자조사단을 파견해 사전 준비를 마쳤고, 3월에 정상외교와 연계해 두바이와 도하에 투자유치단을 파견했다. 이어 5월에는 사우디아라비아에 후속 투자유치단을 파견해 추가 성과를 발굴했다. 이런 노력은 큰 성과로 나타났다. 2015년 중동 지역 투자유치는 13억 8,000만 달러를 기록해 전년도 2억 2,000만 달러보다 무려 514%가 증가했다.

2015년에 이어 2016년에도 수출부진이 계속되자 대형 투자유치 사업들을 잇달아 개최하면서 성과를 높이려고 애썼다. 권역별로 타깃산업을 선정해 글로벌 투자가를 초청하는 라운드테이블 방식의 대형 투자유치를 잇달아 개최했다. 2월 남서유럽 투자가 라운드테이블을 시작으로 중국, 일본 등지를 순회하며 개최해 총 8억 1,200만 달러의 투자를 유치했다. 또 대표적인 투자유치사업으로 자리잡은 외국인투자주간(Foreign Investment Week) 행사를 역대 최대 규모로 개최해 유치성과를 높이려고 노력했다.

한편 투자유치의 질적 내실화를 위해서도 많은 관심을 기울였다. 투자유치는 양적 확대 못지않게 질을 높이는 것이 중요하다. 따라서 국내 산업의 경쟁력 강화와 일자리 창출에 기여하는 양질의 투자를 유치해 우리 경제가 안고 있는 문제를 해결하는데 도움이 되도록 하려고 애썼다.

이를 위해 에너지, IoT(사물인터넷), 첨단화학소재, 미래형 자동차, 항공우주, 헬스케어 · 제약 등 신성장동력 분야를 유치하려고 노력했다. 이들 산업은 글로벌 가치사슬이 취약한 분야의 경쟁력을 높이는데 필요한 핵심기술을 확보하기 위해 큰 도움이 되는 분야여서 유치활동에 많은 공을 들였다. 그 결과, 솔베이와 바스프 등 몇몇 R&D센터와 글로벌 헤드쿼터가 우리나라에 들어왔다.

이와 함께 일자리 창출 효과가 큰 서비스 분야의 투자유치에도 힘을 기울였다. 서비스 분야는 제조업보다 고용유발계수가 2배 정도 높다. 수출 10억원당 제조업이 8.3명인데 비해 서비스업은 15.4명이다. 이에 정부도 외국인투자촉진법 시행령 등을 개정하여 인센티브 제도(현금지원, 임대료 및 조세감면 등)를 개편하는 등 고용창출을 위한 투자유치 기반을 조성했다. 이런 기반아래 KOTRA는 물류, 관광 · 레저, 의료, 콘텐츠, 금융 분야 등을 대상으로

외국인투자유치는 국내 산업의 경쟁력 강화와 일자리 창출에 기여하는 바가 높아 양질의 투자유치가 중요하다.
사진은 2017년 열린 외국인투자기업 채용박람회.

유치활동을 펼쳤다. 이런 노력으로 서비스업 투자유치 금액 및 비중은 2012년 96억 달러(59%)에서 2016년 155억 달러(73%)로 크게 늘어났다. 신규 고용도 꾸준히 늘어 2014년 1만 2천명 규모에서 2015~2016년에는 1만 3천명 규모로 증가했다.

외국인투자유치를 확대하려면 기업하기 좋은 여건부터 조성해야 한다. 이를 위해 KOTRA는 외투기업의 고충처리에도 적극 나서면서 투자환경을 개선하려고 노력했다. 투자유치에 발목을 잡는 각종 제도개선 과제를 발굴해 법령 개정을 유도했고, 정부 부처간 협력 강화로 투자신고부터 정착까지 전 과정에 대한 서비스가 원활히 이루어질 수 있도록 지원활동을 펼쳤다.

이에 못지않게 외국인투자에 대한 친화적인 국민정서를 조성하는 것도 중요하다. 2000년대 중반에 일어난 이른바 '론스타 사건' 등으로 외국인투자에 대해 일부 부정적인 인식이 있다. 이를 개선하기 위해 KOTRA는 매년 외국인투자기업 채용박람회를 개최해 250~300명의 신규 채용이 이루어지도록 지원하는 등 다양한 노력을 기울이고 있다.

이런 노력들에 힘입어 우리나라 외국인투자유치는 2년 연속 최대 실적을 달성했다. 신고액 기준으로 2015년에 209억 달러, 2016년에 213억 달러를 기록했는데, 글로벌 경기침체 여파로 세계 외국인직접투자 규모가 2016년에 13% 감소한 것을 감안하면 양호한 실적이다. 2017년에도 대내외의 불확실성이 확대되어 여건이 좋지 않지만 외국인투자는 상승세를 유지했다. 3/4분기 누적 기준 신고액은 135.9억 달러로 전년보다 9.7% 감소했지만 10월 이후 초대형 유치 건들이 많아 11월 29일 기준 202.7억 달러를 기록해 우리나라는 3년 연속 200억 달러를 달성했다.

외국인직접투자는 우리 경제를 지탱하는 중요한 축의 하나이다. 2015년 기준, 외국계 기업은 우리나라 전체 법인의 1.5%에 불과하지만 법인세의 13.6%를 납부했다. 그리고 전체 규모에서 수출은 21%, 고용은 5.8%, 연구개발비는 6.4%를 각각 차지했다.

배를 빠르게 달리게 하려면 바람의 힘을 빌려야 한다. 자체 역량만으로 힘에 부칠 때는 외부 자원을 끌어들여 추진동력에 힘을 보태는 지혜가 필요하다. 우리 경제가 당면한 문제를 해결하는데 외국인투자가 기여하는 바가 크다. 또 4차 산업혁명 시대에 국가 경쟁력을 높이는 데에도 투자유치는 필수다. 우리 경제에 도움이 되는 투자유치를 확대하기 위한 지혜와 노력이 어느 때보다 절실히 요구되고 있다.

잃어버려서는 안 될 20년

KOTRA 사장으로 3년간 일하다보니 지구촌 곳곳을 참 많이 다녔다. 무역투자 관련 갖가지 행사와 미팅에 참석하느라 안 가본 대륙이 없고 방문국만 해도 거의 50개국에 달한다. 돌아보니 그중에서 특히 의미가 있거나 기억에 남는 것들이 있다. 국가로는 일본과 쿠바 등이 그렇고, 행사로는 아스타나 엑스포에 한국관을 설치 · 운영했던 것이 특히 그렇다.

2015년은 한 · 일 관계에 해빙 무드가 형성된 해였다. 국교정상화 50주년을 맞아 양국 정상회담이 열려 과거사 청산문제에서 비롯된 정치적 갈등을 해소하고 경제협력을 재점화할 수 있게 되었다. KOTRA는 한 · 일 경협의 물꼬를 트기 위해 국교정상화 50주년을 기념한 한 · 일 경제교류대전(10.6~7, 도쿄)을 정상회담(11.2, 서울)에 앞서 개최해 우호적인 분위기를 조성했고, 정상회담 직후에 한국상품전(11.25~28, 오사카)을 열어 경제협력의 분위기를 고조시켰다.

한국과 일본의 경제 교류는 비약적으로 성장해왔다. 1965년 국교정상화 이후 반세기만에 교역 규모가 390배 증가했다. 그런데 2011년을 정점으로 일본의 경기회복 지연과 엔화 약세 등으로 내리막길을 걸었다. 특히 2015년 대일 수출은 1~10월 동안 전년 대비 21.2%가 감소한 215억 달러에 머물러 2014년 한국의 3대 수출시장이던 일본이 2015년에 5위로 밀려나 있었다. 이에 정상회담을 전후해서 KOTRA가 대일 수출부진을 타개하기 위한 모멘텀을 마련한다는 취지로 이들 행사를 개최했던 것이다.

양국 간의 해빙 무드를 활용해 2016년 11월에는 일본 JETRO(일본무역진흥기구)와 KOTRA가 6년만에 도쿄에서 정기협의회를 개최했다. 두 기관은 1967년부터 매년 정기협의회를 개최해왔으나 2010년 이후 양국 간의 협력 분위기 악화로 중단되어 왔다. 그러다가 2015년에 국교정상화 50주년을 맞아 한 · 일 산업협력포럼을 두 기관이 공동 개최한 것을 계기로 정기협의회를 다시 열게 된 것이다.

오랜만에 열린 정기협의회의 성과는 컸다. 환경 변화에 따라 부여되는 소명을 두 기관이 어떻게 대응해 나가고 있는지에 대해 논의하고, 미래의 조직발전과 신규사업 개발에 대해 아이디어를 교환하는 자리가 되었다. 그리고 중장기 전략의 방향과 중점사업에 대한 정보교환을 비롯해 쌍방향 무역투자 촉진, 정보조사, 교육연수 등에서 협력하기로 했다. 또 차기 정기협의회를 2018년에 KOTRA 주최로 한국에서 개최하기로 했다.

히로시마는 처음 방문한 곳이라
평화공원부터 찾아
한국인 희생자 위령비에 헌화하면서
우리 조상이 겪은 참혹한 고통과 희생을 깊이 애도했다.

나는 JETRO의 이시게 히로유키 이사장과 많은 대화를 나누었다. 공공기관으로서 중소기업을 지원하는 역할과 한계에 대해 폭넓은 의견을 교환했다. 그리고 정기협의회와 별도로 필요시 만나 상호 관심사에 대해 협의하기로 했다.

일본은 여러 차례 방문했고, 갈 때마다 많은 것을 느꼈다. 2016년 7월에는 히로시마에서 일본 지역 무역투자 확대전략회의를 열었다. 처음 방문한 곳이라 평화공원부터 찾아 한국인 희생자 위령비에 헌화하면서 우리 조상이 겪은 참혹한 고통과 희생을 깊이 애도했다. 회의 장소가 남달랐던 탓에 양국 간에 얽힌 과거와 현재, 그리고 미래까지 고민해보는 계기가 되었다.

당시 한국 동포는 10만 명 중에 2만 명이 원폭 피해를 입었다. 한국인은 이런 희생을 헛되이 여기지 않고 광복과 6 · 25 전쟁 이후 눈부신 경제발전을 이룩해 세계 10위권 경제대국에 올라섰다. 그런데 언제부터인가 일본의 '잃어버린 20년'을 따라가고 있다는 우려가 생겨났다. 일본이 고령화, 저금리, 성장둔화 등으로 겪는 후유증을 우리가 똑같이 닮아가고 있지 않은가.

우리나라가 선진국으로 올라서느냐 마느냐의 기로에 있는 상황에서 이런 모습은 마음을 답답하게 만든다. 우리 국민의 경각심과 분발이 요구된다. 국민적 에너지를 모아 미래를 잘 준비해서 절대로 '잃어버려서는 안 될 20년'을 만들어야 한다는 생각을 많이 했다.

확실히 일본은 가깝고도 먼 나라다. 그런 탓에 일본은 우리에게 때론 반면

교사로, 때론 롤 모델로 다가온다. 2017년 4월에는 일본 투자유치활동(IR) 때문에 도쿄와 나고야를 방문했는데, 우리가 따라 배우면 좋을 두 가지를 느꼈다. 첫 번째는 일본 정부가 불황탈출을 위해 20년 가깝게 추진해오고 있는 쿨 재팬(Cool Japan) 전략이다. 2000년대 초반, 자민당의 고이즈미 정권은 내수시장의 성장 한계에 따른 전자 등 주력산업의 부진을 만회하기 위해 애니메이션과 만화 같은 콘텐츠 분야와 의식주 관련 산업을 육성해 해외로 진출시키는 사업에 첫 시동을 걸었다.

이전까지만 해도 이들 분야는 주로 내수용이었다. 매력적인 상품과 서비스를 보유하고 있지만 자금과 전략 부재 등으로 해외진출이 어려웠다. 수익창출 가능성이 불투명해 금융기관들도 투자를 꺼리는 이들 분야에 쿨 재팬은 장기간에 걸쳐 투자하면서 제품이나 서비스의 해외진출을 적극 지원해 많은 성공을 거두고 있다. 정부출자와 민간투자로 공동 운영되고 있는 쿨 재팬 펀드의 출자금은 현재 523억엔 규모인데 앞으로 더욱 늘어날 전망이라고 한다.

쿨 재팬 펀드는 우리에게 시사하는 바가 크다. 장기 침체에서 벗어나기 위해 정부 차원에서 오랜 기간에 걸쳐 각계로부터 다양한 의견을 듣고 공론화하는 과정을 거치면서 새로운 성장기회를 창출하고 있다. 그런 덕분인지 이 전략은 정권이 바뀌어도 흔들리지 않고 추진되었고, 오히려 구체적인 목표가 더 커지면서 발전하고 있다. 장기적인 안목으로 당파를 초월해 국가정책을 추진해 나가는 모습이 부럽다.

두 번째는 일본기업들의 장인정신이다. 우리 기업들이 롤 모델로 삼을 만한 기업체를 두 곳 방문했다. 노리다케(Noritake)는 일본의 대표적인 도자기 회사로 창업한 지 백년이 넘는 장수기업이다. 이 회사는 도자를 만드는 과정에서 활용되는 연마제 등을 전자부품, 세라믹, 태양전지 등 다양한 분야로 적용해 첨단 산업으로 영역을 확대했다. 현재 총매출에서 자기류 사업은 15%에 불과하고 기타 첨단 세라믹 분야가 75%를 차지한다.

우리에게 재봉틀로 익숙한 브라더공업(주)도 비슷한 경우이다. 이 회사는 재봉틀 분야에서 축적한 첨단 기술력을 바탕으로 IT사무통신기기 분야에 도전해 큰 성공을 거둬 혁신의 아이콘으로 불린다. 이 회사 역시 매출의 상당 부분을 IT사무통신기기에서 올릴 정도로 사실상 새로운 회사나 다름없다.

이들 두 회사는 일본기업이 왜 오래 유지되고 세계적인 경쟁력이 있는지를 잘 보여주고 있다. 자신들이 원래 갖고 있는 기술을 바탕으로 시장환경 변화에 맞춰 기술개발에 힘쓰면서 새로운 사업영역을 개척해 나가는 것에 비결이 있다. 이런 모습은 우리나라 기업들이 글로벌 무대에서 경쟁력을 갖추려면 어떻게 변화와 혁신을 추구해야 하는지에 대해 많은 것을 시사해 주고 있다.

일본 경제가 살아나고 있다는 분석들이 많다. 증시가 57년 만에 최장 기간 상승하고, 고용환경도 사상 최고의 호황을 구가하며, 설비투자도 회복세를 보이고 있다. 이런 회복세의 바탕에는 쿨 재팬 같은 일관된 국가정책과 장수기업들의 부단한 혁신이 있다. 저성장 시대에 진입한 우리나라가 눈여겨보고 꼭 따라 배워야 할 교훈이라고 생각한다.

포괄적 협력관계로 발전한 쿠바

쿠바는 참 멀다. 거리로 치면 그보다 더 먼 남미 대륙도 있지만 미수교국이라 느끼는 심리적인 거리감이 크다. 미국으로부터 오랜 경제제재를 받아온 탓에 통신과 숙박, 도로 등 인프라도 매우 취약해 불편한 게 한둘이 아니다. 그럼에도 불구하고 쿠바는 어느 나라에서도 느끼지 못하는 특별한 매력이 있다. 그래서 해마다 전세계의 수많은 관광객들이 쿠바를 찾는다. 나는 KOTRA 사장 취임 후 쿠바에 4차례 다녀왔고, 3년 연속 방문했다. 방문할 때마다 한층 가까워진 양국의 경협을 체감하면서 보람을 느낀다.

KOTRA는 쿠바와 각별하다. 2005년 아바나 무역관을 설립한 이래 쿠바 유일의 한국 공공기관으로서 양국 간에 신뢰를 형성하는데 밑거름이 되어왔다. 그러나 2015년까지만 해도 한국은 매년 10월말에 개최되는 아바나 국제박람회에 16차례나 참가해왔지만, 쿠바는 매년 5월에 개최되는 서울식품대

전에 세 차례 참가하는 정도였다. 이외에도 개별적인 차원의 교역 및 교류가 몇 건 정도 이루어지고 있었다.

그러나 상황은 변하고 있었다. 2014년 12월 미국·쿠바의 국교정상화 선언 이후 미국의 쿠바 제재가 대폭 완화될 것이라는 기대와 함께 쿠바는 중남미 및 카리브 지역의 물류허브이자 신흥시장으로 급부상하고 있었다. 나는 2015년 10월 아바나 국제박람회에 참가하는 것을 계기로 한국과 쿠바와의 경제협력 관계를 포괄적이고 지속적인 수준으로 끌어올릴 필요가 있다고 판단했다. 그래서 쿠바 대외무역부 차관, 상공회의소 회장을 면담하는 자리에서 양국 경제협력 교류의 정례화 및 범위 확대를 제안했다. 다행히 쿠바측에서 우리 제안을 받아들여 2016년부터 5월에는 서울에서 '쿠바 주간(Cuba Week in Seoul)'을 개최하고, 10월에는 아바나에서 '한국 주간(Korea Week in Cuba)'을 개최하고 있다.

2016년 5월에는 쿠바상공위원회, 쿠바수출입공기업지주회사(GECOMEX), 쿠바전력청 등 주요 경제계 인사를 서울로 초청해 대한상의, 전경련, 한국전력, 두산중공업, 수입업협회 등 국내 경제단체 및 기업들과 함께 식품, 투자, 에너지, G2G(정부간 교역) 등 다양한 분야에서 경제협력 행사를 개최했다. 서울국제식품전 쿠바관 운영, 투자환경설명회, 1대1 상담회, 주요 협력 분야(전경련-쿠바상의, 한전-두산중공업-쿠바전력청)의 MOU 체결 등을 통해 다양한 경협 채널을 구축함으로써 한국기업들이 쿠바에 대한 관심과 투자를 확대하는 계기를 마련했다.

한-쿠바 관계가 포괄적 협력관계로 발전하고 있다.
위 사진은 2016년 열린 제1차 한-쿠바 경제협력위원회,
아래 사진은 아바나 국제박람회 한국관 개관식.

그해 10월에는 아바나에서 한국 주간 행사를 개최했다. 특히 이때 처음 개최된 제1차 한 · 쿠바 경협위원회에는 양국 기업인 150여 명이 참가하여 전력, 수산물, 식품 등 유망산업의 협력 방안을 논의하는 의미 있는 자리가 되었다. 또 한국의약품수출입협회와 협업해 의료 · 바이오 세미나를 개최하고 양국 기관 간에 MOU를 체결해 쿠바의 전략산업인 의료분야의 진출 기반을 다졌다. 이밖에 미국 LA 소재의 한인기업 투자조사단을 파견해 한 · 미 · 쿠바 3국을 연결하는 비즈니스 모델을 발굴하는 기회도 가졌다. 아울러 아바나 국제박람회에 한국관을 구성하여 자동차부품, 식품, 환경제품 등 22개 한국 기업이 참가해 우리 제품의 진출 기회를 확대하는 기회로 삼았다.

이렇게 2016년부터는 다양한 분야에 걸쳐 상호 교차하는 방식으로 행사를 개최해 무역 · 투자 · 문화를 아우르는 공식적인 경협 플랫폼이 구축되었다. 모든 행사는 순조롭게 진행되고 있고 미래에 대해 많은 기대를 갖게 한다. 나는 이렇게 경제 교류 및 협력의 문을 넓혀 나가다보면 양국이 국교를 수립하는 날이 가까워질 수 있다고 생각한다.

2017년 들어 양국의 포괄적이고 지속적인 경제협력은 한층 무르익고 있다. 5월 서울에서 열린 쿠바 주간 기간에는 쿠바의 사절단과 우리 기업이 제2차 경협위원회를 개최하고 공공분야, 기계, 의료, 에너지 분야에서 심도 있는 협력방안을 논의했다. 또 쿠바는 서울국제식품전에 2013년부터 5년 연속 국가관을 구성해 참가하면서 다양한 식품을 홍보했다. 이외에도 KOTRA는 쿠바 대외무역부 및 상공회의소와 3자 간의 정기협의회를 처음 개최하여 양국 기업의 진출을 지원하는 공식채널을 마련했다.

10월에는 아바나에서 또 한 차례 공식적인 한국 주간 행사가 열렸다. 2016년에 이어 두 번째로 개최된 행사인 만큼 양국 간에 경협 기반을 더욱 다지는 한편 실질적인 성과를 도출하려고 애썼다. 이를 위해 에너지 분야의 경제협력 조사단 파견, 경협 분야 및 현지 투자환경에 대한 설명회 개최, 아바나 국제박람회 참가 등을 더 알차게 준비했다. 특히 한국관에는 삼성전자, 현대자동차 등 대기업을 비롯해 의료기기, 자동차부품, 식품 등 다양한 품목의 중소기업들도 참가해 많은 사업기회를 발굴할 수 있도록 했다. 또 한류 드라마, 애니메이션, 게임 등 다양한 볼거리와 이벤트를 제공해 함께 즐길 수 있는 자리도 마련했다. 특히 이번에는 포스코대우가 쿠바 업체와 비철금속 1,200톤(900만 유로)을 수출하는 계약을 체결하는 성과를 거두어 매우 뜻깊었다.

쿠바는 한류의 인기가 매우 높아 이를 활용해 비즈니스 협력을 다지려는 노력이 중요하다. 이런 취지로 양국 간에 문화협력을 확산하기 위해서 많은 노력을 기울였다. 매년 아바나 국제박람회의 한국관 개관 전야제 행사로 개최하는 '한 · 쿠바 친선의 밤' 행사에 쿠바 정부의 고위급 인사들을 다수 초청해 양국 공연단 및 한류 팬클럽들의 문화공연을 함께 감상하면서 공감대를 넓히고 친분을 다지는 시간을 가졌다.

또 쿠바 한인 후손을 초청해 문화행사를 개최하고 한민족으로서 동질성을 확인하는 자리도 가졌다. 쿠바에 이주한 한인 1세대는 288명으로, 이주 역사는 거의 100년에 이른다. 이들은 사탕수수밭에서 일하는 어려운 생활 속에서도 독립운동 후원금을 보내는 등 조국의 독립을 위해 헌신해왔다. 현재는 이들의 후손들을 중심으로 쿠바 한인후손회가 운영되고 있다. 이날 한인 후손

초청 문화행사는 한국의 전통문화와 얼을 담은 음악공연을 통해 한인 후손들과 교류를 넓힘으로써 조국의 발전상에 긍지를 느끼고 양국의 미래를 위해서 서로 협력을 다지는 자리가 되었다.

나는 3년 연속으로 쿠바를 방문했는데, 갈 때마다 양국의 경협이 확대되고 있음을 피부로 느낀다. 미수교국인 쿠바는 정부 주도로 경제 · 산업 정책을 펴기 때문에 정부 간의 정기협의회 운영과 다양한 경제 · 문화 협력사업을 포함한 공공-민간의 경제협력 플랫폼 구축이 필수적이다. 양국 경협의 플랫폼이 더욱 견고해지도록 KOTRA 역할이 중요하다고 생각한다.

변화하는 쿠바, 먼 나라 아니다

시간이 멈춰선 나라. 2015년 5월 처음 쿠바 땅을 밟았을 때의 느낌이 바로 그랬다. 60년 가깝게 시장경제가 작동하지 않은 나라의 모습이 도처에서 느껴졌다. 길거리에는 미국인들이 버리고 떠난 1950년대식 구형 자동차들이 굴러다녔고, 길가에서 차를 고치는 장면들도 심심찮게 대할 수 있었다. 관광지인 해안가에 늘어서 있는 건물들도 성해 보이는 게 별로 없었다. 풍파에 여기저기 빛이 바래거나 부식된 채로 남아 있어 흉물스럽기까지 했다.

그러던 쿠바가 해가 다르게 변모하고 있다. 2014년 12월 미국 오바마 정부의 국교정상화 선언을 계기로 굳게 닫혀 있던 빗장이 열리고 있다. 나는 지난 3년 동안 4차례 쿠바에 다녀왔는데, 갈 때마다 빠르게 변하는 모습을 피부로 느꼈다. 특히 지난 달에 갔을 때는 1년 새 크게 변한 모습에 적잖이 놀랐다. 주요 관광지의 건물들은 리모델링을 마쳐 예전의 허름한 모습은 거의 남아 있지 않았다. 길거리에 흔하던 구형 차들은 많이 사라지고 외형이 깨끗한 차들이 관광객을 맞이하고 있었다. 또 관광용 대형버스와 대중교통들이 많이 도입되었고, 인근국의 딜러를 통해 수입된 현대 · 기아차들도 쉽게 대할 수 있었다.

쿠바를 찾는 관광객 수도 급증해 주요 관광지는 인파로 넘쳐났다. 관광 수입이 늘면서 돈이 돌아 경제가 살아나고, 많은 사람들이 관광업에 종사해 외화벌이에 나서면서 빈부 격차도 생기기 시작했다. 이런 시장경제의 물결은 거리의 풍경뿐만 아니라 쿠바인들의 의식까지 바꿔놓았다. 관광지로 인기 있는 혁명광장에는 혁명가인 체 게바라와 쿠바 건국의 아버지인 호세 마르티의 형상 앞에서 사진을 찍고 기념품을 사는 사람들로 붐볐다. 게바라는 단연 쿠바를 대표하는 관광상품이다. 혁명도 사회주의도 사라진 지금, 게바라가 상품으로 살아남은 모습이 역설적으로 다가왔다.

트럼프 정부가 다시 쿠바에 강경노선을 펴고 있지만 효과는 별로 없을 것 같다. 쿠바에 대한 미국인의 개인 여행을 금지(단체 여행만 허용)시키고, 쿠바 군부와의 경제활동도 제한하는 등 관계 정상화에 역행하는 조치를 취하고 있지만 이로 인한 영향은 크지 않아 보인다. 이런 조치들은 자유시장경제로 향하는 큰 물줄기를 되돌리지 못할 것이고, 트럼프가 무슨 얘기를 하든지 미국인의 쿠바 관광도 줄어들지 않을 것 같았다.

이번 쿠바 방문은 여러 면에서 특별했다. 아바나 국제박람회 한국관 개관을 비롯해 KOTRA가 주관하는 '한국 주간(Korea Week in Cuba)'등 양국간 포괄적 협력관계를 다지는 행사들이 많았다. 그런데 국정감사 일정이 남아 있어서 참석하려면 국회의 양해가 필요했다. 결국 어렵게 허락을 받아 출국해 쿠바의 대외무역부차관과 상공회의소 회장을 만나 "대한민국 국회의 허락을 받고 왔다."고 하니 굉장히 고마워하면서 큰 의미를 두었다. 오를란도 기옌 상의회장은 나이가 나보다 10살쯤 많은데도 불구하고 "아미고(Amigo : 친구)"라고 부르면서 한번 맺은 우정을 끝까지 유지하자고 했다.

쿠바는 한국과 협력관계를 넓혀 나가길 바라고 있다. 실제로 양국간의 경제교류도 늘고 있다. 이번에 현대중공업이 이동식 발전기 설치 10주년 기념식을 열어 유대감을 다졌고, 포스코대우가 비철금속 1,200톤(900만 유로 규모) 수출계약을 체결해 향후 전망을 밝게 하고 있다. 쿠바에서는 무역확대를 대비해 무역보증 한도(현재 3천만 유로)를 늘려달라고 요청하고 있다. 또 이번에 쿠바에서 발행한 L/C(신용장)를 KB국민은행에서 받아주는 등 금융거래 환경이 변화하고 있는 점도 고무적이다.

변화하는 쿠바는 더 이상 먼 나라가 아니다. 이미 새로운 시장으로 우리 곁에 가까이 와 있다. 그동안 양국 간에 다방면으로 다져온 경제협력 관계를 발판 삼아 우리 기업들이 발 빠르게 진출하길 기대한다.

–2017.11.17. 내일신문 기고

엑스포에서 무엇을 어떻게 보여주어야 하나

KOTRA 사장으로 일하면서 두 차례 엑스포를 참관했다. 2015년 밀라노 엑스포와 2017년 아스타나 엑스포가 그것이다. 이 중에서 아스타나 엑스포의 한국관 구성은 KOTRA가 주관했다. 흔히 엑스포는 올림픽, 월드컵과 함께 3대 국제행사로 불린다. 그만큼 전 세계적으로 큰 주목을 받기 때문에 새삼 엑스포의 역사와 개최 의미 등을 길게 설명하지 않아도 될 것 같다. 엑스포의 기원은 2,500년 전 페르시아 제국 시기의 '부(富)의 전시'로 거슬러 올라간다. 근대적 의미의 엑스포도 맥락이 비슷하다. 1876년 필라델피아 엑스포에는 전화기가, 1904년 세인트루이스 엑스포에는 비행기가 각각 처음 등장하는 등 인류 문명의 발전을 촉진하는 역할을 해왔다.

2015년 밀라노 엑스포는 '지구 식량공급, 생명의 에너지'라는 주제아래 지속가능한 식량의 미래를 보여주었다. 인류가 직면하게 될 미래를 미리 체험해 본다는 기대감으로 행사장을 찾았다. 한국관광공사가 주관한 한국관은 외관을 둥근 달항아리 모양으로 구성하고, 내부는 첨단 기법을 적용해 자연과 조화를 이루는 음식과 발효 및 저장기술 등을 소개하고 한식도 시식할 수 있도록 구성했다. 그런데 전시관을 둘러보고 나니 다소 아쉬움이 남았다. 뛰어난 IT기법 덕분에 눈요깃거리는 많은 반면 너무 한식이라는 주제에 한정되다 보니 전반적으로 단조롭게 느껴졌다. 음식 이외에 식자재, 농기계, 재배기법 등을 연계시켜 보여주고자 하는 고민이 별로 느껴지지 않았다. 엑스포가 내건 지속가능한 식량이라는 주제와도 동떨어져 있는 느낌이었다.

이런 아쉬움은 독일관과 이스라엘관을 관람하면서 해소되었다. 독일관은 물 · 땅 · 공기로 주제를 나눠 독일 특유의 첨단기술을 결합해 분야별로 미래의 대안을 제시하고 있었다. 환경과 먹거리 문제를 미래의 관점에서 접근하고 이를 산업 분야와 자연스럽게 연관지어 보여주고 있었다. 반으로 접히는 하드 보드지를 태블릿 PC처럼 이용해 전시 정보를 얻도록 하는 방식은 압권일 정도로 첨단 기술력이 돋보였다.

이스라엘관도 척박한 환경을 극복해내는 과학의 힘과 이를 산업으로 발전시키려는 노력이 인상적이었다. 밀 · 옥수수 등이 심어져 있는 수직형 밭은 단순한 시각적 효과를 넘어 매우 혁신적이어서 많은 영감을 주었다. 또 바위땅의 개간, 종자의 품질개선, 새로운 관개기법 등은 악조건을 극복하면서 생명을 가꿔가는 위대한 도전으로 다가왔다.

밀라노 엑스포를 관람하고 난 소감은 아스타나 엑스포 한국관을 구성하는데 많은 참고가 되었다. 2017 아스타나 엑스포는 6월부터 3개월 간 카자흐스탄의 수도인 아스타나에서 CIS(독립국가연합) 지역 최초로 열렸다. 주제가 '미래 에너지'이기 때문에 각국의 국가관은 첨단 신에너지 기술의 경연장이 될 것으로 전망되었다. 우리나라는 '미래 에너지로 여는 스마트 라이프'라는 주제로 참가해 스마트 원전을 비롯해 풍력, 태양광 발전, 최첨단 저장기술 등 우리가 강점을 지닌 분야를 선보여 미래 에너지 시장을 선점하는 기회로 활용한다는 계획으로 행사를 준비했다.

나는 엑스포가 단순한 기술 전시에 머물지 않고 우리 문화와 상품을 접목시켜 다양한 볼거리와 가상 체험의 기회를 많이 제공해야 한다고 생각했다. 그래서 엑스포전담반을 통해 보고를 받을 때마다 에너지 기술 전시만이 아니라 우리나라의 문화와 융합된 종합행사로 구성하기 위해 머리를 맞댔다.

한국관을 구성할 때는 기술이나 장치 등의 실물 전시가 어려운 탓에 첨단 영상 및 IT기법이 총동원되었다. 한국관은 세 개의 구역으로 나누어 1구역에서는 에너지 불모지였던 한국이 단기간에 에너지 강국으로 도약한 과정을 드로잉 쇼를 통해 압축해 보여주었다. 그리고 2구역에서는 미래 도시를 배경으로 영상과 퍼포먼스의 복합연출을 통해 미래의 에너지 비전을 소개했다. 또 3구역에서는 스마트 패드를 활용해서 AR(증강현실) 영상 등을 통해 새로운 에너지 기술을 체험할 수 있도록 했다.

여기에 더해 한류문화관(K-Culture Area)을 구성해 매일 K-Pop과 뽀로로 등 다양한 문화공연을 개최하고, 한복과 K-Pop 댄스 등을 체험할 수 있

한국관은 개관하자마자 관람객으로부터 큰 인기를 끌었다.
수백 명이 줄을 서는 탓에 안전사고가 우려돼 대기 번호표를 나눠줄 정도였다.

도록 조성했다. 또 7월에 한국의 날 행사를 열어 한국 아이돌 그룹들의 공연을 통해 한류 열기를 확산시키는 기회로 활용했다.

이런 노력을 기울인 덕분에 한국관은 개관하자마자 관람객으로부터 큰 인기를 끌었다. 계속 몰려드는 인파로 입구는 연일 장사진을 이루었다. 수백 명이 줄을 서는 탓에 안전사고가 우려돼 대기 번호표를 나눠줄 정도였다. 그런데도 다른 곳은 관심 없다는 듯이 관람객들 대다수가 그 자리에 선 채로 기다렸다. 엑스포 개막 한 달 만에 전체 관람객이 100만 명을 돌파했는데, 총 115개 국가와 22개 국제기구 중에 한국관 방문자가 무려 13%를 차지했다. 한국관은 아스타나 엑스포 조직위로부터 가장 인기 있는 국가관의 하나로 소개되었고, 나자르바예프 카자흐스탄 대통령도 방문해 관람을 할 정도로 주목을 받았다. 또 국제박람회 기구(BIE)에서 주관하는 '2017 아스타나 엑스포 어워즈'에서 전시 디자인 부문 동상까지 수상하는 영예를 안았다.

사실 엑스포의 국가관 운영은 정답이 없다. 엑스포는 주제가 정해져 있지만 국가관 구성은 자유이기 때문에 내용에 대한 표현방식은 나라마다 다르다. 이번 아스타나 엑스포에서 한국관을 성공적으로 운영한 경험을 잘 살려나가면 좋겠다. 엑스포는 전세계인의 이목이 집중되는 국가홍보의 장이다. 따라서 이를 플랫폼으로 활용해 우리 기업과 상품의 해외진출을 확대하는 기회로 삼아야 한다. 엑스포의 주제를 산업 관점에서 폭넓게 접근하여 기술, 문화, 상품을 접목시켜 한국을 알리고, 궁극적으로 국가의 글로벌 경쟁력을 높이는 기회로 활용하려는 전략이 필요하다.

엑스포의 국가관 참가와 관련해 또 한 가지 제안하고 싶은 것이 있다. 국가관의 구성과 운영을 전담하는 커미셔너를 별도로 두면 좋겠다는 것이다. 일본과 독일 같은 나라들은 엑스포 참가가 결정되면 커미셔너를 채용하여 그의 책임아래 2~3년간 모든 작업을 체계적으로 준비해 나간다. 그러면 대외활동과 업무채널 구축 등이 일관성 있게 진행되기 때문에 혼선이 발생하지 않고 더 효율적으로 일을 처리할 수 있다.

그런데 우리나라는 그렇지 않다. 현지 대사와 주관기관인 KOTRA 사장이 그 역할을 함께 맡아오다 보니 일관성과 연속성 등에서 비효율적일 때가 많다. 외교와 해외전시 마케팅 등에 경험을 갖춘 사람을 커미셔너로 채용하고, 국가 차원에서 유관기관들이 필요한 분야에서 협업을 하면 더 효율적으로 운영될 수 있다고 생각한다.

엑스포는 주제에 따라 내용은 다르지만 참가국들이 궁극적으로 지향하는 것은 국가 홍보이다. 최선의 국가 홍보를 위해 어떻게 국가관을 구성하고 운영하면 좋을지에 대해 아스타나 엑스포를 통해 얻은 경험이 많은 도움이 될 것이다. 산업적 관점과 문화적 관점을 잘 융합시켜 국가 홍보효과를 극대화해 궁극적으로 산업경쟁력을 높이는데 기여하도록 하는 지혜가 요구된다.

무역 1조 달러 회복과 6년 연속 경평 A등급

2017년에 우리나라는 무역 1조 달러 시대를 다시 열게 되었다. 우리나라는 2011~2014년에 4년 연속 1조 달러를 달성해오다가 2015~2016년에 2년 연속 1조 달러에 못 미쳤다. 그러다가 3년만에 무역 1조 달러에 재진입함으로써 수출이 경제성장을 견인하는데 한층 탄력을 받을 수 있게 되었다.

연초만 해도 수출 전망은 썩 좋지 않았다. 세계경제의 완만한 회복과 유가상승 등으로 우리나라 수출은 3% 미만의 소폭으로 성장할 것으로 예측되었다. 그런데 2016년 11월부터 수출이 증가세로 돌아선 이후 연속적으로 상승곡선을 그렸으며, 특히 2017년 2월부터 매월 두 자리 수의 증가율을 기록해 1조 달러 달성의 기대감을 높여 나갔다. 고무적인 것은 세계 수출 상위 10개국 중에서 우리나라의 수출증가율이 가장 높다는 점이다. WTO에 따르면, 2017년 1~7월 기준 우리나라는 16.3%의 증가율로 1위를 차지해 주요 경쟁국 대비 가장 빠른 회복세를 보였다.

무역 1조 달러를 회복할 수 있었던 것은 세계경기 회복에 따른 교역량 증대와 유가 인상에 따른 수출단가 상승요인이 컸다. 이에 힘입어 13대 주력품목 중 반도체, 철강, 자동차, 석유화학 등 10개 품목의 수출이 고르게 증가했다. 특히 반도체는 D램 가격 상승세 지속 및 신형 스마트폰 출시로 인한 물량 증가 등으로 2017년 9월 사상 최대 수출실적을 경신(96.9억 달러)해 사상 최초로 월간 수출 90억 달러를 돌파했다. 또 철강도 9월 기준 46.7억 달러로 사상 최대 수출실적을 기록했다.

무역 1조 달러 회복은 주력품목의 호조가 주요 요인이지만 수출 주체를 중소 · 중견기업으로 전환시키려는 노력과 품목 · 시장 · 방식의 다변화를 지속적으로 추진한 것이 큰 힘이 되었다. 품목 중에서는 화장품, 생활용품, 의약품, 농수산식품, 패션의류 등 5대 유망 소비재의 수출이 모두 증가하고, 서비스 분야의 수출도 늘어나면서 주력품목의 의존도가 줄어들고 있다. 또 지역별로는 모든 지역에서 수출이 증가해 중국과 미국 의존도가 감소했고, 중동을 제외한 모든 지역에서 두 자리 수의 증가를 기록해 시장 다변화도 진전되고 있는 것으로 나타났다.

수출이 견고한 성장을 거듭하고 무역 1조 달러를 회복함에 따라 국가의 무역투자 진흥을 이끌어가는 공공기관장으로서 큰 보람을 느낀다. 수출부진이 장기화되자 수출비상대책반을 가동하고 추경 예산을 투입해 단기성과를 창출하는 사업을 집중적으로 펼치는 한편 수출구조를 개선하기 위한 노력을 지속적으로 기울였다. 이런 노력들이 결실을 맺어 수출구조가 한층 견고해지고 무역 1조 달러도 회복할 수 있었다고 생각한다.

그동안 마음고생이 적지 않았다. 수출이 부진해 무거운 책임감을 느껴왔는데, 이제 그 부담을 내려놓을 수 있게 돼 다행이다. 수출부진 타개와 수출구조 개선을 위해서 KOTRA 임직원들이 불철주야로 뛰었다. 본사, 해외 86개국 127개 무역관, 11개 지방지원단이 일심동체로 뛰었기에 가능했다고 생각한다. 뿐만 아니라 유관기관들이 개방형 협업에 적극 나서 힘을 보탰기에 이런 결실을 거둘 수 있었다.

우리는 무역 1조 달러 회복에 만족하지 말고 한 단계 더 도약하는 전환점으로 삼아야 한다. 이를 위해서는 그동안 기울여온 수출구조 개선 노력에 더욱 박차를 가해 나가야 한다. 그래야 수출이 단순한 양적 성장에 머무르지 않고 일자리 창출과 중소기업 성장으로 이어져 경제가 균형 있게 발전하고, 성장의 온기도 많은 국민에게 골고루 퍼질 수 있다.

대외적으로는 우리나라가 무역강국의 위상에 걸맞은 역할을 강화해야 한다. 우리 상품만 일방적으로 팔아 수출을 늘릴 수 있는 시대는 지났다. 글로벌 상생협력에 기반해 우리나라와 해당국이 함께 무역성장을 할 수 있는 모델을 발굴하고 구축해야 한다. 예전에는 지역적이고 비용적인 관점에서 '메이드 인(Made in)'전략을 추구했다. 그런데 이제는 최적의 협력파트너를 발굴하고, 기업 간에 상생과 호혜의 관점에서 현지 파트너와 협업해서 생산하는 '메이크 위드(Make with)'전략이 요구된다. 짧은 기간에 무역강국으로 거

KOTRA 사장으로 일하면서 내부적으로 경사스런 일들이 많았다.
공공기관 경영평가 6년 연속 최우수 등급, PCSI 조사 3년 연속 최우수 등급, 일하기 좋은 100대 기업상 6년 연속 수상, 한국에서 가장 존경받는 CEO상 등을 받았는데, 이런 영광을 본연의 위치에서 묵묵히 맡은 역할을 수행하느라 애써 온 임직원들에게 돌린다.

듭나고 선진국과 신흥국의 가교 역할을 할 수 있는 우리나라가 이런 역할에 앞장서면 새로운 무역성장이 가능하지 않을까 생각한다.

KOTRA 사장으로 일하면서 내부적으로도 경사스런 일들이 많았다. KOTRA가 2016년 공공기관 경영평가에서 최우수 등급(A등급)을 받았다. 이로써 KOTRA는 전체 116개 공공기관 중에서 유일하게 6년 연속 최우수 등급을 받는 영예를 안았다. 또 공공기관 고객만족도(PCSI) 조사에서도 KOTRA가 3년 연속 최우수 등급(S등급)을 받았다. 대외적으로 이런 평가를 받으니 무척 기쁘고 큰 보람을 느낀다. 사실 최근 2년간 수출 부진이 심각해 좋은 평가를 기대하기 어려웠다. 수출과 외국인투자유치를 담당하는 국가기관으로서 위기 극복의 선봉에 서야 한다는 마음으로 평가에 연연하지 않고 맡은 바 소임에 충실하려고 노력했다. 이런 평가들을 앞으로 더 잘하라는 격려와 채찍의 의미로 받아들인다.

이밖에도 2017년 11월 KOTRA가 대한민국일하기좋은기업선정위원회에서 주관하는 '일하기 좋은 100대 기업상(GWP : Great Work Place)'을 6년 연속 수상했다. 소통 활성화와 일과 가정의 양립을 위한 제도개선 노력이 높게 평가를 받았다. 그리고 개인적으로 '한국에서 가장 존경받는 CEO상'도 받았다. 이런 영광을 본연의 위치에서 묵묵히 맡은 역할을 수행하느라 애써온 임직원들에게 돌린다.

지난 3년을 돌아보니 많은 일들이 떠오른다. 사장으로서 부족한 점이 많아 직원들에게 더 좋은 일터를 제공해주는데 한계가 많았다. 직원들과 더 많은 대화를 나누면서 애로사항을 들어주면 좋았을 텐데 그러지 못해 아쉽다. 대외적으로도 더 열심히 뛰어 좀 더 많은 지원과 성과를 얻었으면 좋았겠다는 생각도 든다.

그러면서도 이만큼 결실을 거둘 수 있어서 감사한다. 파도가 거세게 몰아치고 바람이 사납게 불어왔지만 KOTRA호는 이정표를 향해 묵묵히 나아갔다. 험난했지만 희열과 감동의 순간도 많았던 3년간의 여정을 사랑하는 임직원들과 함께 해 영광스럽다.

鵬程萬里 붕새가 먼 길을 가듯이

|4부| 우리 수출의 미래

단순상품 수출시대가 끝나간다

국제분업 확대와 공유가치창출

상생과 호혜의 '메이크 위드(Make with)'

사례1 : 러시아 진출기업 대원GSI

사례2 : 중국 진출기업 CJ그룹

사례3 : 멕시코 합작기업 KST사

사례4 : 한국투자기업 도레이첨단소재

온·오프 글로벌 플랫폼으로 진화하는 KOTRA

우·문·해·답

단순상품 수출시대가 끝나간다

"상품만 팔려고 하는 외국기업에는 별 관심 없어요. 우리 업체들과 함께 제품을 생산하지 않거나 우리나라에 투자하려는 의지가 없으면 아무리 찾아와도 냉담할 겁니다."

2016년 3월 민관합동사절단으로 이란을 처음 방문한 데 이어 5월에 경제사절단으로 다시 방문했을 때 내가 가장 많이 들었던 말이다. 이란의 정 · 관계 인사들은 이구동성으로 한국기업들의 투자를 강하게 요청했다. KOTRA와 투자협력 MOU를 체결한 이란투자청의 모하마드 하자에 청장은 한국은 우수한 상품으로 이미지가 좋지만 그동안 투자에 인색했다면서 투자하지 않으면 미래도 없다는 투로 대놓고 말했다.

미국의 경제제재 해제 발표로 이란이 국제사회에 복귀하게 되자 주요국들이 이란 시장에 앞 다퉈 진출하려고 각축전을 벌일 때였다. 우리나라도 이에 뒤질세라 양국 정상회담을 개최하고 다양한 분야에서 경협 확대를 추진했다. 이런 상황에서 이란이 자국의 경제회생에 기여할 수 있도록 투자에 적극적인 국가에 호의적인 것은 당연해 보였다. 그들이 이재에 능한 페르시아 상인의 후예들이어서가 아니다. 최근에는 신흥국과 선진국을 가리지 않고 거의 모든 국가들이 투자유치에 매우 적극적이다.

어떤 국가이든 무한정 상품을 수입에 의존하려고 하는 곳은 없다. 자국의 산업기반을 구축하기 위해서 투자유치에 나서게 된다. 그동안 우리 기업들은 중국이나 베트남 등에서 저렴한 인건비를 활용해 현지에서 상품을 생산하는 투자진출을 적극 추진해왔다. 그런데 갈수록 해당 국가들의 요구 수준이 높아져 자국의 산업기반 형성에 도움을 주고 소득 증대에도 기여하지 않으면 안 된다. 이는 단순히 상품만 판매하거나 생산비용 절감을 위한 현지진출의 시대가 저물고, 함께 상품을 만들고 이익을 공유하면서 지속가능한 무역성장을 추구하는 시대로 전환되고 있음을 의미한다. 이런 흐름은 최근 보호무역주의가 대두되면서 신흥국은 물론 미국 등 선진국에서도 한층 더 강해지고 있다.

최근의 보호무역주의 기조는 다양한 요인에 기인한다. 먼저 세계 경기의 회복 둔화와 국제원자재 가격 하락에 따른 자원 수출국의 경기침체 지속 등 일시적인 요인과 중국의 성장률 둔화 및 이에 따른 일부 산업의 공급과잉 심화 등 구조적 요인을 들 수 있다. 여기에 미국 트럼프 대통령의 자국시장 우선 정책(America First) 등이 더해져 복합적으로 영향을 주고 있다. 이처럼 우리나라와 교역 비중이 높은 중국과 미국의 자국 산업육성 정책 및 시장보호 움직임과 영국의 EU 탈퇴(Brexit) 등 주요국의 경제 환경은 우리나라의 대외협력 전망을 어둡게 하고 있다.

중국은 수출중심의 경제구조를 내수중심으로 전환함에 따라 투자 및 수출 증가세가 둔화되어 세계무역 전체에 영향을 미치고 있다. 기존에는 제품의 원자재와 부품을 수입해 자국 내에서 가공한 뒤 해외로 수출하는 방식이었다면, 이제는 수입품 중에서 국내 생산이 가능한 품목은 대체해 수입을 축소하고 내수소비 위주로 전환하고 있다. 중국의 전략 변화는 자국시장 보호와 교역감소로 이어질 수밖에 없다. 이런 상황에서 중국은 주요 산업에서 '굴기(崛起)'를 내세우면서 자국 산업의 육성의지를 강하게 표명하고 있으며, 한반도의 사드(THAAD) 배치와 관련해 우리에게 많은 어려움을 주었다.

미국은 트럼프 대통령이 자국시장 보호를 우선시 하면서 보호무역주의 기조를 한층 강화하고 있다. 환태평양경제동반자협정(TPP)이 미국 내 일자리 창출과 임금상승에 도움을 주지 못한다면서 탈퇴를 결정하고, 북미자유무역협정(NAFTA), 한미 FTA 등 기존에 체결한 모든 무역협정에 대한 재협상 또는 무효화를 주장하고 있다. 미국은 과거에도 경기하강과 신정부 출범이 맞물릴 경우에 강력한 무역규제를 취하곤 했다. 따라서 기존의 자유무역정책을 일부 수정하거나 시장보호적인 정책 기조를 당분간 지속할 가능성이 높다.

EU는 브렉시트(Brexit)를 계기로 회원국간 자유무역을 기반으로 한 구심력이 크게 약화되고 있다. 당장 수면위로 크게 부상하지 않고 있지만 브렉시트 이전부터 EU 탈퇴를 주장해 온 덴마크, 스웨덴, 네덜란드 등 회원국들의 거취문제는 언제든지 다시 공론화될 가능성이 있다. 따라서 개방과 통합의 수준을 확대하려던 EU는 추동력이 상실되고, 회원국과 비회원국 간의 갈등이 확대될 수도 있다.

러시아는 EU의 경제제재에 따라 2014년부터 자국산업 육성을 위한 수입대체화 정책을 실시하고 있다. 수입대체화 정책을 통해서 보호받는 산업은 해외요인으로부터의 위협이나 국내 시장에서의 경쟁, 대외수출 등에 대한 영향에서 비교적 자유롭다. 따라서 러시아 정부는 수입대체화 정책과 자국의 산업화 정책을 동일 선상에서 추진하면서 상호 상승작용을 기대하고 있다.

보호무역주의는 2008년 글로벌 금융위기 때도 각국이 경기부양과 자국시장 보호를 내걸면서 대두된 적이 있다. 자유무역을 옹호해 왔던 미국 등 서방 선진국들이 자국시장 보호를 위해 신흥국에 대해 개방을 요구했던 것이다. 당시 신흥국은 수입관세 인상이나 수입규제 등 비교적 전통적인 형태의 보호주의 정책을 도입한 반면, 선진국은 WTO 규범을 위배했다고 판단하기 어려운 경기부양책 및 구제금융 지원 등의 형태로 보호무역주의를 강화했다.

최근의 보호무역주의가 더욱 심각한 것은 중국 경제가 중속성장 기조로 전환하면서 과거 호황기에 투자를 확대했던 산업들의 공급과잉이 영향을 미쳐 국가별로 자국의 산업을 보호하기 위한 수입규제를 확산시키고 있다는 점이다. 일례로, 철강산업의 경우 설비증강이 지속되고 공급과잉에 따른 수입규제 증가가 다른 산업에까지 확산될 가능성이 있어 구조적 요인에 따른 규제는 상당기간 지속될 것으로 예상된다.

그러나 중국 경제의 성장기조 전환에 따른 산업의 구조적인 여건은 쉽게 개선될 것으로 기대하기 어렵다. 또 미국의 강경한 자국우선주의 경제정책 기조도 당분간 변화를 기대하기 쉽지 않다. 이외에 세계 각국의 자국산업 보호육성정책이나 보호무역주의 움직임도 쉽게 바뀔 것으로 보기 어렵다. 특히 대외의존도가 높은 우리나라의 입장에서는 이러한 변수들이 일시적이 아니라 항상 존재한다는 전제하에 대외진출 전략을 고민해야 한다. 이러한 점에서 이제는 단순히 상품수출을 통해 경제성장을 추진하는 모델에서 벗어나 새로운 해외진출 및 성장전략을 마련해야 한다.

국제분업 확대와 공유가치창출

최근 국제무역에서는 최종상품보다 부품무역의 비중이 점차 확대되고 있다. IT기술의 발전과 세계화로 인한 거래비용 감소로 과거와 같은 국가 간의 비교우위 요인에 의한 전통적 상품무역보다 동일제품 내에서 가치사슬 단계의 국제적 공정 간에 분업화가 증가하고 있는 것이다. 이에 따라 부가가치가 높고 기술집약적인 R&D와 디자인 등은 경쟁력이 높은 선진국을 중심으로 이루어지고, 단순공정은 신흥국에서 많이 이루어진다.

이러한 국제분업은 주로 다국적기업에 의해 주도되고 있다. 다국적기업은 해외직접투자를 통해 국제적인 분업체계를 구성하고 기업의 이익을 추구한다. 대체로 신흥국에 대한 선진국 투자의 상당 부분은 저렴한 노동력이나 원자재 등을 활용하기 위한 목적으로 이루어진다고 볼 수 있다.

이런 과정에서 중국이 급속한 제조업 발전을 이룩했는데, 이는 우리나라의 대중 투자가 빠르게 증가한 것과 궤를 같이 한다. 한국 제조업의 구조조정 과정에서 한국 산업이 중국과 수직적 통합을 이루면서 중국 제조업의 역량이 빠르게 강화되었다. 중국은 전통적으로 저렴한 노동력 등 생산요소 비용을 활용해 노동집약적인 제조업을 발전시키면서 '세계의 공장'으로 부상했다. 여기에서 한 걸음 더 나아가 국가 차원에서 조직적인 산업발전 정책을 추진해 기술집약적인 고부가가치 산업에서도 매우 빠른 성장세를 보이면서 경쟁력을 확보해 나가고 있다.

세계화 과정에서 국제분업을 확대하고 글로벌 가치사슬에 효과적으로 편입하려면 각 국가별로 일정수준 이상의 산업화가 필수적이다. 제조업 경쟁력을 확보하기 위해서는 '규모의 경제'가 요구되며, 생산성과 효율성이 낮은 단계에서는 해당산업에 대한 일정한 수요를 확보하기 위해 정부 차원의 지원이 필요하다. 이는 보호주의의 맥락에서 자국시장의 수요를 확보해 산업화를 촉진시키는 과정으로 볼 수 있다.

최근에는 국제분업의 확대 추세에 맞추어 해당 국가의 산업체제와 가치사슬 내에 참여한 지역사회, 기업, 그리고 개인에게 공동의 이익이 창출되도록 하는 공유가치창출(Creating Shared Value)이 많은 관심을 받고 있다. 이 개념은 2008년 글로벌 금융위기 이후 지나치게 기업의 이익에만 초점을 맞춘 자본주의의 문제점이 대두되면서 기업의 지속가능한 경쟁력 확보를 위해 새롭게 제시된 경영 패러다임이다.

글로벌 통상 트렌드가 바뀌고 있다.
상대국의 경제성장과 고용 등에 실질적인 도움이 되는 전략을
구사해야 우리 기업들도 장기적인 관점에서 더 큰 결실을 거둘 수 있다.
사진은 2017년 10월 내방한 ITC(국제무역센터)의 아란차 곤잘레스 사무국장과 함께.

공유가치창출이란 기업이 사업을 영위하면서 기업 고유의 경쟁력 강화뿐만 아니라 기업이 속한 사회의 경제 · 사회적 여건을 개선시키는 것을 의미한다. 이와 같은 전략은 과거와 달리 기업경쟁력 강화와 성장이 단순히 기업 고유의 내부적인 가치에만 기초하는 것이 아니라, 다양한 사회요인들과의 상호작용과 의존적인 관계 속에서 형성된다는 인식에 기반을 두고 있다.

이 개념을 창안한 미국 하버드대의 마이클 포터(Michael Porter)와 마크 크라머(Mark Kramer)에 의하면, 기업 고유의 생산성을 결정하는 요인으로 환경적 요인, 에너지 사용과 관련한 지역의 특수성, 직원의 건강, 근로자의 안전 등 과거에는 중요한 요인으로 여기지 않았던 것들을 부각시켰다. 이것은 과거처럼 기업의 사회적 책임(CSR, Corporate Social Responsibility)을 통해서 이익의 일부분을 사회에 환원하는 차원이 아니라, 사업 초기부터 기업의 활동이 사회적 가치를 창출하고 사회에 기여하는 방향으로 전략을 설정하는 것을 의미한다.

이런 공유가치창출은 공정구매와 다르다. 공정구매는 일반적으로 가난한 농부가 재배한 농작물에 대해 더 높은 값을 지불해 농부들이 빈곤에서 탈출하도록 돕는 것을 목표로 한다. 이런 공정구매의 의도는 가치 있고 존중받을 만하지만 전체 가치의 총량을 확대하기보다 기존의 가치를 재분배하는 방식에 기반을 두고 있다. 반면에 공유가치창출은 농작물의 재배방법을 개선하고 농부를 위한 지역협력 및 지원체계를 강화하여 수확량 및 품질의 향상을 유도한다. 이는 곧 매출 및 수익증가로 연결되어 농부는 물론 농작물을 구매하는 기업 모두에게 이익이 된다.

코트디부아르의 코코아 산업은 좋은 예를 보여준다. 공정거래는 농부들의 수입을 10~20% 늘려 주는데 그친 반면, 공유가치에 입각한 투자는 이들의 수입을 300%나 증가시켰다. 새로운 구매방식을 시행하고 지원 클러스터를 구축하려면 충분한 자본과 시간이 필요하지만 이를 감내하면서 지속적으로 지원하면 결국은 모든 참가자들에게 더 큰 이익을 가져다준다는 것이다. 더구나 이것은 단기적 성과창출에 머물지 않고 지속가능한 대안을 제공한다는 점에서 경제적 · 사회적 가치의 총량을 확대하는 개념이다.

글로벌 통상 트렌드가 바뀌고 있다. 과거의 단순한 완제품을 수출입하는 차원에서 벗어나 점차 생산공정의 분업화로 교역의 질적 변화를 가져오고, 여기에서 더 나아가 교역환경에 영향을 줄 수 있는 상대국의 다양한 요인들을 고려하는 단계에 이르고 있다. 최근 들어 글로벌 보호주의의 강화로 인해 해외직접투자의 중요성이 더욱 커지고 있는 상황에서 이런 트렌드 변화는 우리에게 시사하는 바가 크다.

기업이 투자유치국에 직접투자를 이행하면 투자를 통해 일자리가 창출되고, 생산된 제품은 자국 내에서 소비되거나 수출된다. 더 중요한 것은 직접투자를 통해 해외에서 유입되는 선진기술은 '학습과정(learning process)'을 거쳐 해당국에 이식되게 된다는 점이다. 이렇게 이식된 선진기술은 지역에서 고부가가치를 창출하는 제품생산에 적절히 활용되거나 응용되어 새로운 제품개발에 도움을 주게 된다. 결국 많은 국가들이 자국에 직접투자를 유치하려고 노력하는 것은 이처럼 일자리 창출뿐만 아니라 자국의 기술과 산업발전에 직접투자가 큰 역할을 할 수 있기 때문이다.

이처럼 앞으로 국제분업은 상생과 호혜의 관점에서 부(富)를 공유하는 방식으로 전개되어야 한다. 국가 간에 무역과 투자가 복잡하게 얽혀 있는 시대에는 어느 한 쪽의 일방적인 수혜는 성립할 수 없다. 상대국의 경제성장과 고용 등에 실질적인 도움이 되는 전략을 구사해야 우리 기업들도 장기적인 관점에서 더 큰 결실을 거둘 수 있다. 글로벌 투자가 확대되는 만큼 상생협력도 커져야 한다. 그래야 지구촌이 무역성장을 통해 지속가능한 발전을 이룰 수 있을 것이다.

상생과 호혜의 '메이크 위드(Make with)'

기업들은 현지 수요의 특성에 적합한 제품이나 서비스를 개발해 현지의 시장 지배력을 확보하기 위해 현지화(Localization) 전략을 추진한다. 많은 현지화 전략 중에서 기업이 주로 활용하는 것은 생산의 현지화이다. 글로벌 전략의 일환으로 생산 기반을 현지에 마련하고 일부 부품을 현지에서 조달하는데, 이는 비용절감이 주요 목적이다.

우리 기업들이 글로벌 전략으로 삼아온 대표적인 것은 중국 진출 모델인 '메이드 인 차이나(Made in China)' 전략이다. 인건비가 저렴하고 지리적으로도 가까워 물류비용이 적게 드는 점을 활용해 중국을 '가공기지'로 삼아 현지 및 제3국 수출을 위한 생산기지로 활용해왔다. 이런 전략은 1990년대 초 · 중반 중국 정부의 적극적인 외국인 투자유치와 맞물려 큰 효과를 거두었고, 중국은 '세계의 공장' 역할을 했다.

그런데 2000년대 중반 이후 상황이 변했다. 중국 정부의 선별적인 외자유치 정책과 최저 임금인상에 따른 경영비용이 급등하면서 중국에 진출한 우리 기업들이 삼아온 '메이드 인(Made in)' 전략이 타격을 받게 되었고, 내수시장 진출도 부진해 어려움에 봉착했다. 대외적으로는 중국경제의 발전방식 전환이 글로벌 가치사슬에 일대 변화를 몰고 왔다. 중국이 경제발전 방식을 수출 위주에서 내수 중심으로, 양적인 성장에서 질적인 성장으로 전환함에 따라 중국 내수시장 진출과 글로벌 시장에서 중국기업과의 협력이 중요한 이슈로 부각된 것이다.

이런 과정은 비단 중국에만 해당되지 않는다. 동남아 지역의 신흥국을 제조업 기지로 삼아 생산의 현지화전략을 추진하는 기업들이 이미 공통적으로 겪고 있거나, 머지않아 겪게 될 과정이다. 사실 많은 기업들은 현지시장에 친화적인 전략을 확대하기 위해 단순한 생산의 현지화에 머무르지 않고 제품의 현지화를 추구하고 있다. 제품의 현지화는 해외시장에서 기업이 지속적으로 발전하기 위한 필수조건이다. 나아가 현지 운영 및 관리의 현지화를 통해 현지기업화 전략도 추구하고, 현지화의 가치를 확대하기 위한 목적으로 기업의 사회적 책임(CSR) 전략도 도입되고 있다. CSR 전략은 기업이 현지에서 얻은 이익을 다양한 방법으로 지역사회에 환원함으로써 좋은 기업 이미지를 구축해 외국기업이라 받을 수 있는 불이익을 사전에 차단하고 현지 사업기반을 확고하게 다지려는 목적으로 추진된다. 그런데 이런 현지화나 CSR 전략은 기업의 존재 이유인 이익 발생에 기초하고, 그 이익의 일부를 환원하거나 공유하는 방식으로 이루어진다는 점에서 한계가 있다.

최근에 부상하는 신보호무역주의는 기존의 이런 해외진출전략을 전면적으로 재검토하게 만들고 있다. 세계가 수십 년간 쌓아온 글로벌 가치사슬(Global Value Chain) 체계가 보호무역주의로 위협받고 있어 새로운 가치사슬 확대전략이 요구된다. 글로벌 가치사슬은 상품과 서비스의 설계 · 생산 · 유통 등 전 범위에 이르는 기업활동이 통신 및 운송의 발달로 세계화되는 것을 의미한다. 그동안 한국은 이러한 가치사슬 활용의 선두주자였다. 기업 경쟁력 강화를 위해 우리 기업들은 저임금 · 고효율의 글로벌 생산기지를 적극 활용해왔으며, 이러한 글로벌 가치사슬의 참여 확대는 한국 경제성장에 큰 기여를 했다.

그런데 다른 한편으로는 글로벌 가치사슬 참여 확대는 한국 경제가 구조적으로 중국과 일본보다 더 큰 리스크를 안게 되는 요인이 되고 있다. 최근에 미국과 중국이 각자 자국 내로 공급망을 끌어들이려는 전략을 추구해 주변국을 긴장시키고 있다. 가치사슬을 거두어들이면 거기에 편입돼 있던 한국 기업은 갈 곳을 잃게 된다. 또 기존 해외투자 기업들의 생산성이 기대에 미치지 못하는 지역도 늘고 있다. 따라서 글로벌 가치사슬의 측면을 비롯해 해외진출 전략의 전반을 새롭게 짜야 하는 시점이다.

나는 우리 기업들이 '메이크 위드(Make with)'전략을 적극 추진해야 할 때라고 생각한다. 이 개념은 기업이 해외시장에 진출할 때 해당 국가에서 최적의 협력 파트너를 발굴하고, 기업 간에 상생과 호혜에 기반을 둔다는 점에서 기존의 해외진출 전략과 차별화된다. 현지 파트너와 협업을 통해 함께 성장할 수 있는 발판을 마련하고 현지 국가에 기여한다는 점이 메이크 위드

(Make with) 전략의 근간이 된다.

이런 메이크 위드(Make with) 전략은 합자(Joint Venture) 등 단순한 형태의 협력이 아니라 새로운 형태의 현지 시장진출 모델을 의미한다. 즉, 양국 기업이 현지 시장에서 협력해 상호 경쟁자가 아닌 동반자적인 입장에서 시장을 공동으로 개척하는 모델이다. 기술과 브랜드를 보유한 우리 기업들이 자본력을 보유한 현지기업들과 제품생산에서 협력할 수 있고, 유통망을 갖춘 현지기업과 협력해 현지 진출을 강화할 수 있다. 협력의 분야와 범위는 해당국의 투자유치 정책 및 기업들의 여건 등에 따라 다르고, 제조 및 서비스 등 업종별로도 다양할 수 있다.

이런 점들을 고려해 최적의 파트너를 찾아 우리 기업과 현지 기업 간의 분업체계를 효과적으로 가동하면 시너지 창출이 가능하다. 현지 기업 입장에서는 우리 기업의 기술과 브랜드를 활용할 수 있고, 우리 기업은 현지에 수출확대를 도모할 수 있다. 이런 의미에서 메이크 위드(Make with) 전략은 양국 기업에게 모두 이익이 되는 일석이조의 모델이라고 할 수 있다.

메이크 위드(Make with) 전략은 두 가지 측면에서 의미가 있다. 첫째는 최근 강화되고 있는 보호무역주의에 적절히 대응할 수 있는 수단이라는 점이다. 앞서 이야기한 바와 같이 미국과 중국이 전통적 무역파트너들을 강하게 압박하는 상황이라 무역의존도가 높은 우리로선 이런 파고를 헤쳐 나갈 대책 마련이 절실하다. 정글과 같은 국제무역환경 속에서 국가 간에 경쟁이 가열될 때, 메이크 위드(Make with) 전략은 상대국과 상생과 호혜를 기반으로 성

무역을 통한 지속성장을 위해서는 상생과 호혜의 파트너십이 중요하다. 위 사진은 투자환경설명회로 방한한 인도 차티스가르주의 라만 싱 총리와 함께. 아래 사진은 한-사우디 비즈니스 파트너십 행사.

장의 파이를 키우는 전략이다. 이러한 전략은 기업의 진출 초기부터 경제적, 사회적 가치를 창출하는 방안을 모색함으로써 현지의 경제 및 사회 발전에 기여하고 강화되는 통상압력에 대응할 수 있다.

메이크 위드(Make with) 전략을 추진하려면 현지시장의 수요와 기반을 활용할 수 있는 적절한 연관산업 크러스트를 조성해야 한다. 신흥국 진출의 경우, 초기에는 해당 지역에서 기술적 수준에 맞는 사업파트너를 찾기 어려울 수 있다. 그럼에도 불구하고 진출기업은 단계가 낮은 기술수준이라도 현지 기업과 협업할 수 있는 구조를 만드는 것이 중요하다. 낮은 단계의 기술협업을 통해 기술을 이전하고, 단계적으로 높은 수준의 기술에서 협업하는 구조를 만드는 것이다.

대개의 신흥국들은 산업화 단계에서 제조업 육성을 위해 노력하고 있다. 따라서 한국에서 경쟁력이 떨어지는 범용상품이나 부품 공정의 일부를 해외로 이전해 현지에서 생산 네트워크를 갖추는 방법을 고려할 수 있다. 한국에서는 경쟁력이 없어도 신흥국에서는 여전히 적정한 수준에서 유용하게 활용될 수 있다. 이런 유형의 기술을 현지에 전파하고, 현지 산업기반을 구축하면 상생을 위한 전략으로서 충분히 가치가 있다고 생각한다.

둘째로, 메이크 위드(Make with) 전략은 외국기업의 국내 투자유치 전략에서도 의미가 있다. 투자유치에서는 우리 기업의 역량을 더 향상시킬 수 있는 기업과 협력을 모색할 수 있다. 기술력이 뛰어난 외국기업의 직접투자를 유치해 그 기업의 기술을 우리의 것으로 만들어 우리 기업의 성장 기반을 다지는 공생전략으로 삼을 수 있다.

투자유치에서 가장 중요한 것은 글로벌 수준에 부합하는 기술력 있는 기업의 투자를 이끌어내는 것이다. 한국의 우수한 인적자원 수준과 제조생산 기술을 활용하려면 고부가가치를 창출하는 첨단산업을 유치해야 한다. 또 한국에 투자하는 외국기업은 한국의 노동력을 활용한 투자보다 한국의 시장성, 개방성, 타국에 대한 진입 가능성 등 다양한 투자환경 요인을 고려한다. 이런 점들을 고려해서 해당 산업분야에서 우리 기업과 협력해 상생과 호혜의 가치를 살려나가도록 해야 한다. 메이크 위드(Make with)는 이처럼 우리 기업의 해외진출이나 외국기업의 자본유치에서 모두 적용되는 지속가능한 무역성장 모델이다. 다음에 소개하는 사례들은 메이크 위드(Make with)를 이해하는데 도움이 될 것이다.

사례 ❶

러시아 진출기업 대원GSI

대원GSI는 1990년에 설립된 농산물 가공기계 제조사로, 2009년부터 30여 개국에 4천만 달러 규모의 기계를 수출하고 있다. 시장점유율은 국내에서 90%, 해외에서 30%를 각각 차지하고 있다. 대표 제품은 곡물에 포함된 이물질이나 불량곡물을 첨단센서로 선별해내는 곡물색채선별기로, 20여 건의 기술특허가 적용되어 있다. 이 회사는 2006년에 자사 브랜드로 러시아 시장진출에 성공했으며, 최근에는 크라스노다르, 알타이, 연해주, 우랄 등 러시아 주요 지역의 총 50여개 곡물가공공장에 기계를 납품하고 있다.

세계에서 국토가 가장 넓고 농업 기업들이 전국에 산재해 있는 러시아에서 우리 중소기업이 바이어를 발굴하는 것은 매우 어렵다. 2005년부터 전담 직원이 러시아 전역에 걸쳐 바이어를 물색했지만 국제적 인지도가 거의 없던 한국 기업에 아무도 관심을 보이지 않았다. 그러던 중 유력 러시아 기업들이 참여하는 곡물가공 전문 포럼을 알게 되어 홍보부스를 설치해 지금까지 10년 이상 협력관계를 유지해오고 있는 '크라스노다르 제느로프로덕트 엑스포(이하 KZP사)'사를 만나게 되었다. 러시아 서남부에 위치한 이 회사는 제분, 도정, 곡물 수매 전문기업으로 매년 2백만톤의 밀을 해외에 수출하고 있다.

대원GSI는 KZP사에 농가공 기계를 수출하는데서 한걸음 더 나아가 도정라인 시설공사 및 설비구축에 이르는 전과정을 지원함으로써 현지 기업의 수요에 적극 부응했다. KZP사와 협력해 2009년에 러시아 아드이게야 공화국에 대규모 도정라인과 곡물수매 플랜트 설비를 구축했다. 또 2010년에 러시아 크라스노다르 지역에도 도정라인 설비를 구축해 단순 기계수출 기업이 아니라 곡물가공 시장의 강소기업으로 자리매김했다.

대원GSI는 현지시장이 필요로 하는 도정라인과 곡물수매 설비 구축을 적극 지원함으로써 필수불가결한 협력업체로 위상을 다졌다. 이러한 상생협력 비즈니스 모델을 바탕으로 지금까지 러시아에 약 50여 개의 곡물 가공설비를 구축했으며, 현재는 바이오매스 공장 구축도 추진하고 있다. 러시아 미곡시장에서 이 회사의 시장점유율은 80%이며, 도정라인 판매시장에서도 점유율 1위를 차지하고 있다. 러시아 최대 곡창지대인 크라스노다르 지역의 미곡종합처리장의 80~90%는 이 회사의 손을 거쳐 설치되었다. 수확 후 처리, 가공, 포장까지 자동화하는 라인을 제작하는 기업은 전세계에 수백 개에 달하며, 러시아 기계 수입상은 거래선도 자주 바꾼다. 이런 상황에서 우리나라 중소기업이 러시아에서 10년 이상 사업에 성공을 거두고 있는 것은 매우 이례적이다.

이처럼 러시아에서 성공적인 상생협력 비즈니스 사례가 알려지자 다른 CIS 국가로 진출하는 것도 활발해졌다. 2016년에는 연매출 5억 달러인 우즈베키스탄 국영기업인 우즈돈마슬롯(O'ZDONMAHSULOT)과 40만 달러 규모의 곡물가공 생산라인 수출계약을 체결했으며, 도정업체인 굴리스탄 아그로 그룹(GULISTAN AGRO GROUP)과도 58만 달러 규모의 도정설비 공급 계약을 체결했다. 또 우크라이나에서 옥수수 등을 원료로 하는 3억 3천만 달러 규모의 바이오매스 발전소 설립도 추진하고 있다.

과연 대원GSI가 성공을 거둔 요인은 무엇일까.

첫째는 긴밀한 파트너십 형성이다. 대원GSI는 러시아 현지기업을 수입상이 아닌 농산물 가공 비즈니스의 장기적인 파트너로 인식했다. 그래서 일회성 수출에 그치지 않고 현지기업과 긴밀하게 협력해 공장과 생산라인을 공동으로 구축하는 플랜트 비즈니스를 적극 추진했다. 농기계는 일회적인 제품 수출만으로는 해외시장에서 큰 성과를 거두기 어렵다. 수출 제품이 대규모 설비나 시스템 속에서 제대로 운용되는지 점검해야 하고, 정확하고 이해하기 쉬운 매뉴얼 제작부터 기계 사용법 교육, 적절한 유지보수 등이 원활히 이루어지지 않으면 시장에서 생존하기 쉽지 않다. 대원GSI는 이런 것들을 빈틈없이 관리해 파트너십을 다졌다.

둘째는 상생의 기업 이미지 구축이다. 대원GSI는 러시아 시장에서 한국의 단순한 기계 수출기업이 아니라 농가공 분야 종합 플랜트 기업으로 이미지를 구축했다는 점도 성공요인으로 꼽을 수 있다. 기계 한두 대를 파는 것이 아니라, 다양한 기계설비 라인을 종합적으로 구성하여 일괄적으로 공급하고, 러시아 고객과 긴밀히 협력하여 맞춤형 플랜트를 건설하는 과정에서 현지시장과 밀착 · 교감하는 기업이라는 우호적인 이미지를 구축했다. 이처럼 현지사회가 필요로 하는 가치창출에 기여한다는 기업의 이미지는 다른 경쟁기업을 능가하는 주요인이 되었다.

셋째는 현지거점의 설치이다. 현지 파트너의 공장설립 등을 보다 원활하게 지원하기 위해 국내 농기계 기업으로서는 거의 유일하게 러시아에 법인을 설치해 운영하고 있다. 러시아인들은 전화보다 직접 얼굴을 마주보는 상담을 선호하고, 업체의 사무소가 현지에 있는지를 매우 중시한다는 점을 고려해 2006년부터 모스크바의 비즈니스 인큐베이터(BI)에 1기로 입주했으며, 이후 직접 판매 및 AS를 위한 법인을 설립했다. 현재 대원GSI는 러시아 크라스노다르 지역에 위치한 법인을 통해 러시아뿐 아니라 카자흐스탄, 우즈베키스탄 등 CIS 지역에서도 파트너를 발굴하고 있다.

넷째는 원활한 소통능력이다. 국내 기업이 러시아에서 만나서 상담하게 되는 임직원들은 해당 업종에 수십 년 이상 종사한 사람들이 대부분이지만 영어가 잘 안 되는 경우가 많다. 때문에 지방 출장을 다니면서 러시아인들에게 직접 기계사용법을 교육해야 하는 경우에도 원활한 러시아어 구사는 필수적이다. 대원GSI의 마케팅 인력들은 까다로운 기술용어도 러시아어로 직접 현지 기업인들과 소통하는데, 이런 점이 메이크 위드(Make with)의 협력에 큰 도움이 되었다.

끝으로 명확한 역할분담이다. 러시아 파트너 기업과 계약초기에 역할분담을 명확히 한 것도 안정적인 관계유지에 크게 기여했다. 한국 기업들은 러시아 기업들과의 비즈니스에서 역할 분담을 정확하게 하지 않는 면이 있다. 그런데 대원GSI는 계약 · 제작 · 운송 · 시운전 · 교육 등은 한국 기업이, 통관 · 인증 등은 러시아 기업이 담당하도록 명시하여 양사 간에 분쟁 가능성을 사전에 차단해 장기간에 걸쳐 우호적인 관계를 유지할 수 있었다.

러시아 기업들은 대원GSI의 품질과 서비스에 크게 만족하고 있다. 2006년에 설립된 농산물 가공공장이 1년에 330일이나 가동됨에도 불구하고 지금까지 아무 문제없이 잘 가동되고 있는 점이 현지 파트너사들 사이에서 높이 평가되고 있다. 곡물생산도 경쟁사인 유럽 제품들에 비해 약 3% 정도 생산량이 많아 매출 확대에 큰 기여를 하고 있다. 제품의 A/S 및 부품 공급도 원활해서 소비자 만족도가 매우 높다. 대원GSI의 기계로 가공된 메밀과 귀리의 품질은 러시아의 전문품평회에서 항상 1등을 차지할 정도로 품질력도 최상이다. 이처럼 대원GSI는 현지기업의 경쟁력 강화에 기여함으로써 상생의 파트너십을 굳건히 하면서 현지 사회에 뿌리내리고 있는 것으로 평가되고 있다. 현지에서 최적의 파트너를 발굴해 상생과 호혜의 메이크 위드(Make with)를 실천하고 있는 사례로 손색이 없다.

사례 ❷

중국 진출기업 CJ그룹

CJ그룹은 한·중 수교 직후부터 중국 시장에 눈을 돌렸다. 1995년 중국법인을 설립하고 식품, 물류, 문화 콘텐츠 등 다양한 분야에서 사업을 전개했다. 2015년 기준 대중 투자는 1억 8천억 달러 수준이고, 중국 내 종업원 수는 1만 4천여 명에 달한다. 또 베이징, 상하이, 광저우 등 44개 지역에 117개의 법인, 20개 공장, 42개의 사무소를 갖추고 있으며, 홍콩과 대만까지 연결하는 CJ그룹 중국 조직망을 구축했다.

CJ그룹은 현재 식품 및 식품서비스, 생명공학, 엔터테인먼트 및 미디어, 신유통 등 4대 핵심사업을 중심으로 중국 시장 진출을 강화하고 있다. 한식과 한류콘텐츠를 무기 삼아 조미료, 두부, 양념장 등 식품으로 중국인의 입맛을 공략하고, 비비고(비빔밥)와 VIPS(패밀리레스토랑), 투썸플레이스(커피전문점) 등으로 중국 외식시장에도 진출하고 있다.

최근에는 바이오, 홈쇼핑, 문화사업에서도 성과를 내고 있다. CJ제일제당은 2012년 중국 선양에 라이신 공장을 완공하면서 기존 선두기업이던 중국 GBT사를 제치고 세계 라이신 시장점유율 1위로 올라섰다. 문화사업에서는 CJ CGV가 국내 멀티플렉스 기업 중 최초로 상하이에 중국 1호점인 'CGV상하이따닝'을 오픈했다. 이후 베이징, 우한, 톈진 등 26개 도시에 약 50개 극장을 운영하고 있다.

CJ그룹의 이런 성공에는 메이크 위드(Make with) 전략이 큰 힘이 되었다. CJ 중국사업은 1990년대 말까지 대중 수출 및 원료확보 차원의 투자 단계를 거쳐 2000년대 초에 2단계로 그룹의 주요 사업을 모두 진출시키는 포트폴리오를 구축한 데 이어, 2006년에 중국 본사를 설립해 '제2의 CJ 건설'에 나섰다. 진출초기에는 육가공 사업을 철수하는 시련도 겪었다. CJ제일제당은 1996년에 칭다오에 육가공 공장을 지으면서 그룹 계열사 중에서 제일 먼저 중국 시장에 진출했다. 하지만 한국인 입맛에 맞게 개발된 설비를 그대로 중국에 가져온 데다 생산규모도 작아 경쟁력이 떨어졌다. 당시 중국의 경쟁사는 오히려 CJ의 설비를 벤치마킹해 이를 중국인 입맛에 맞게 고치고 사료부터 축산농가까지 일관라인을 갖추면서 CJ 중국 공장의 300배에 달하는 생산시설을 구축했던 것이다.

CJ가 초기의 시행착오를 딛고 중국 시장 진출에 성공하기까지는 현지 기업과의 협업이 큰 힘이 되었다. CJ는 2007년 베이징 최대 식품기업인 얼상(二商)그룹과 합자형태로 두부 및 기타 콩가공품을 생산 · 판매하는 베이징얼상CJ식품유한책임공사(이하 얼상CJ)를 설립했다. 얼상CJ는 얼상그룹 51%, CJ(주) 49% 지분 참여로 설립되었으며, 자본금은 약 1,100만 달러(한화 약 120억 원)이고, 경영은 CJ측에서 맡았다.

얼상CJ는 2천년 역사의 중국 두부시장에 첨단기술과 선진 마케팅기법을 적용해 출사표를 던졌다. 얼상CJ는 베이징 공장을 통해 하루 25만 모의 바이위(白玉) 두부를 생산해 공급하기 시작했다. 얼상그룹의 두부 브랜드인 '바이위'는 중국 정부가 선정한 400개 국가 대표 브랜드 중 하나이며, 50여 년의 오랜 역사를 자랑한다. 이런 브랜드 파워에 힘입어 바이위 두부는 2년여 만에 베이징 시장에서 점유율 70%를 기록했다.

이는 외자기업이 최초로 중국의 국가대표 브랜드와 협업해 성공한 사례로, 현지에서 큰 주목을 받았다. 언론과 소비자들은 바이위(白玉)의 브랜드파워와 판매 네크워크, 그리고 냉장 유통 인프라를 기반으로 하여 한국 CJ의 마케팅과 R&D 역량, 선진화된 시스템을 결합해 베이징 두부시장에 큰 변화를 몰고온 점을 높이 평가했다. 얼상CJ는 중국에서 식품 안전에 대한 관심이 커지는 상황에 맞추어 한국에서처럼 콩나물을 포장 상품으로 최초로 유통시켜 히트치기도 했다. 중국 최고의 파트너와 한국의 차별화된 노하우를 결합시켜 중국 소비자로부터 인정받은 것이다. 얼상CJ의 상품들은 고급 식재료의 대표주자로 인식되면서 중국의 고급 레스토랑에 납품되고 있다.

협업 성공의 또 다른 사례로 한 · 중 콘텐츠의 공동제작을 들 수 있다. CJ그룹은 2010년에 상하이둥팡그룹, 중국대외문화그룹 등 현지 기업들과 "중국판 브로드웨이를 만들자"는 목표아래 아시아연합창조문화발전회사를 설립했다. 이는 중국 최초로 현장공연을 중심으로 하는 엔터테인먼트 기업으로, 해외 유명 뮤지컬과 대형 콘서트를 중국 전역에 선보였다. 그 첫걸음으로 2011년 6월 상하이에서 중국판 맘마미아(Mamma Mia)를 최초로 공연했다. 이 공연은 중국에서 고급문화 사업의 성공 방정식을 보여주었다는 평가를 받을 정도로 대성공을 거두었다.

이런 성공의 배경에는 CJ그룹이 국제 문화계에서 쌓은 신뢰 덕분에 영국 회사로부터 맘마미아의 라이선스를 받을 수 있었던 것이 큰 힘이 되었다. 그런데 이보다 더 중요한 요인은 서양 기업에 비해 CJ가 중국 정서를 훨씬 잘 이해하고 있는 점을 합작법인을 통해 전략적으로 활용한 것이다. 이처럼 우리의 강점을 활용해 중국에서 협업해 거둔 성과에 힘입어 CJ는 아시아 최고의 문화콘텐츠 그룹으로 위상을 다지게 되었다.

홈쇼핑에서도 참고할 만한 메이크 위드(Make with) 사례가 있다. CJ는 중국 홈쇼핑 시장에 진출하기 위해 2003년에 상하이미디어(SMG)와 손잡고 상하이에 홈쇼핑 합작법인인 동방CJ를 설립했다. 동방CJ가 중국에 진출할 당시에 현지에는 홈쇼핑 전문채널이 존재하지 않았다. 방송 프로그램 사이에 10분 정도 홈쇼핑 방송이 나오는 정도였고, 홈쇼핑에 대한 신뢰도는 바닥 수준이었다. 동방CJ는 고객 신뢰를 높이기 위해 브랜드제품 위주의 판매전략을 세웠다. 동방CJ에서 판매되는 제품은 철저한 품질관리 절차를 통과해야 고객에게 전달될 수 있도록 했다. 검사는 총 3단계로 이루어졌는데, 상품이 판매되기 전 샘플에 대해 상품기획자가 1차로 검사하고, 제품이 창고에 입고될 때 샘플과 입고되는 제품이 일치하는지 재확인하며, 글로벌 브랜드를 제외한 제품은 대부분 전수검사를 실시했다. 마지막 품질관리는 판매 후 고객 불만율에 따라 이루어지는데, 불만율이 5%가 넘어가면 판매중지 조치가 내려지도록 했다. 특히 문제가 발생할 때는 고객요청 이전에 자발적으로 리콜하여 신뢰를 높였다. 또 삼성 TV와 락앤락 등 중국에서 인지도가 높은 제품을 주요 시간에 편성하고, 한국 CJ오쇼핑을 통해 인기가 검증된 국내 중소기업 제품들을 집중 소개해 품질의 우수성을 알렸다.

뿐만 아니라 CJ오쇼핑의 운영비결도 동방CJ에 녹아들었다. 기존 중국 홈쇼핑은 제품 정보만 전달하는 수준이었으나, 동방CJ는 제품당 방송시간을 이전 중국 홈쇼핑의 3배 정도인 30분으로 편성하고, 한국의 홈쇼핑처럼 체험담 등 상품 관련 이야기도 소개하는 식으로 진행해 흥미를 유발했다. 동방CJ는 중국의 홈쇼핑 업계에서 독보적인 1위 기업으로 자리매김했다. 2위 업체의 매출은 동방CJ의 40%에 불과할 정도이다. CJ가 한국에서 쌓아온 홈쇼핑 노하우와 고속 경제성장에 따라 급신장하는 중국인들의 구매력이 맞물린 결과다.

CJ그룹이 중국 시장에서 이처럼 승승장구하는 비결은 무엇일까. 첫째로 실력 있는 현지 파트너 선정을 둘 수 있다. CJ그룹은 중국시장의 발전 추세를 파악하면서 분야별로 사업역량을 갖추고 있는 현지기업과 협력해 장기적인 파트너십을 형성했다. 중국 국가대표 브랜드 얼상그룹, 중국 최대 민영 문화콘텐츠기업 SMG 등 CJ그룹이 선정한 파트너는 현지 업계의 선두주자들이다.

둘째는 철저한 시장조사이다. CJ그룹이 중국 시장에서 눈부신 활약을 펼치는 것은 오랜 기간 시장조사를 실시한 결과이기도 하다. 중국을 둥베이(东北), 화베이(华北), 화둥(华东), 화난(华南), 시난(西南) 등 5대 권역으로 나누어 각 지역의 소득, 여가생활, 소비취향, 소비능력 등을 상세히 조사하고,

이를 바탕으로 각 산업부문에 알맞은 올바른 진출 전략을 수립하고 최적의 파트너를 물색했다.

셋째는 맞춤형 상품 · 서비스의 개발이다. 현지기술 수준보다 높은 기술적 우위를 기반으로 중국인의 취향에 맞춘 제품과 서비스 개발에 중점을 두었다. 중국의 각 분야 전문가들과 협업하여 중국인의 취향에 맞는 매장 디자인부터 메뉴, 제품 포장디자인 등을 설계했다. 또 중국인의 입맛에 맞추어 새롭게 변화시킨 '비빔밥 전문 한식식당'을 개발하고 배달을 선호하는 중국인의 기호에 맞추어 음식 배달 서비스를 제공하는 등 맞춤형 상품과 서비스를 개발해 제공하려고 노력했다.

넷째는 한류의 활용이다. CJ는 중국 시장에서 문화콘텐츠를 통해 인지도를 확보했다. 문화서비스 사업을 통해 풍부한 한류문화 콘텐츠를 갖추고 있다는 점을 이용해 기업의 이미지와 브랜드 인지도를 향상시켰다. 중국에서 유명한 한류스타를 광고모델로 사용하는 등 다양한 한류 마케팅을 통해 현지 진출을 확대하는 효과를 거두었다.

CJ그룹은 중국 진출 이후 주력사업인 식품사업과 연관된 사업을 같이 추진하면서 다각화에 성공했고, 우수한 서비스와 제품으로 중국 소비자들에게 인기를 끌고 있다. 한류 열풍의 영향으로 한국 제품에 대한 긍정적인 이미지가 높아지고 있는 점도 큰 장점으로 작용했다. 현재 CJ그룹의 제품들은 중국 시장에서 수요가 계속 증가하고 있는 추세이다.

현지기업과 상호보완 및 상생의 협력관계 구축은 현지 소비자가 원하는 상품 및 서비스를 제공해 Win-Win 효과를 창출하고, 중국 시장에 뿌리를 내리는데 크게 기여했다. CJ그룹은 한 · 중 문화협력을 통한 중국 문화산업 발전에 기여하기 위해 영화, 공연, 음악 등 다양한 문화서비스 활동을 진행하고 있으며, 이를 통해 양국의 문화서비스 협력이 늘어나는 성과를 거두고 있다는 평가를 받고 있다. 현지 언론과 소비자들은 CJ 그룹이 한 · 중 문화교류 증진 프로그램을 통한 소통 확대와 기업의 사회적 책임(CSR) 수행에 힘쓰고 있는 점도 높이 평가했다.

이처럼 CJ그룹이 현지에서 최적의 파트너를 발굴해 식품, 엔터테인먼트, 홈쇼핑 등 다양한 분야에서 성공을 거둔 요인들을 잘 분석하면 메이크 위드(Make with)를 통한 상생과 호혜의 파트너십을 발전시키는데 많은 참고가 될 것이다.

사례 ❸

멕시코 합작기업 KST사

KST는 한국전력(56%)과 삼성물산(34%), 그리고 멕시코 전력기술기업인 테친트(Techint, 10%)가 각각 지분을 투자해 설립한 회사로, 가스복합화력발전소의 설계와 시공은 삼성엔지니어링과 테친트가 공동으로 맡지만 핵심 기술력은 우리 기업이 제공했다. 한국전력은 자체 기술로 가스복합화력발전소(노르떼Ⅱ)를 건설한 후 약 25년 동안 발전소 운영을 맡는다.

멕시코 진출은 한국전력과 삼성물산이 2010년 8월 433MW급 중대형 가스복합화력 발전소(노르떼Ⅱ) 건설 프로젝트를 공동 수주하면서 이루어졌다. 2011년 1월 착공해 2014년 3월 가동에 들어갔다. 한국전력은 국내의 낮은 수익률을 극복하기 위해 2000년대 초부터 해외 발전사업을 개발하기 시작해 필리핀, 중국, 요르단 등 지역에 진출했는데, 노르떼Ⅱ 발전소는 중남미 지역 진출의 첫 사례이다. 사업비로 총 4,300만 달러를 투자했으며, 한국전력은 노르떼Ⅱ 발전소 운영으로 연평균 10.3%의 수익률과 총 3억 7,000만 달러의 영업이익을 올릴 것으로 예상된다.

멕시코 정부가 발주하는 프로젝트는 한국기업이 수주하기 쉽지 않다. 낙찰 1순위는 자국기업, 2순위는 FTA 체결국 기업이다. 따라서 FTA 미체결국은 제일 낮은 순위에 해당되어 한국기업은 진출 가능성이 희박했다. 이를 극복하기 위해 멕시코에서 1954년부터 발전소 경험을 많이 쌓아온 테친트 E&C와 삼성물산 등과 함께 합작회사를 세워 노르떼Ⅱ 발전소의 건설 입찰에 참가해 사업을 수주했다.

멕시코 전력시장 개척은 현지기업과의 합작과 지자체(치와와주)와의 협력관계 구축 등을 통해 순조롭게 진행되었다. 멕시코는 1억 2,000만 명의 많은 인구를 보유하고 있지만 인구 대비 전력설비 용량은 한국의 66% 수준에 불과해 전력사정이 매우 좋지 않다. 발전소는 2013년 12월 상업운전을 개시했고, 이후 25년간 멕시코 연방전력공사(CFE)와 전력판매계약을 체결해 안정적인 운영과 수익을 보장받았다. 2015년에 한국전력 멕시코 법인은 연간 매출액 846억원, 순이익 42억 원을 기록했다. 한국전력은 향후 15년간 전력 수요가 70% 증가하고 노후설비 교체 등으로 2025년까지 발전설비와 관련해 1,000억 달러 규모의 사업이 발생할 것으로 전망하고 있다.

이 프로젝트의 성공요인은 무엇일까. 첫째, 한국전력은 '에너지 프로젝트 오거나이징(Energy Project Organizing)'을 내세운 해외사업을 신성장 동력으로 삼았다. 이는 전 세계 22개국 37개 프로젝트를 수행하며 쌓아온 네트워크와 경험을 무기로 활용하는 전략이다. 멕시코 에너지 프로젝트 시장은 과거 입찰로 진행하던 민자발전사업(IPP) 프로젝트에서 사업자가 직접 고객(판매처)을 확보해 발전소를 짓는 방식으로 변화하고 있다. 이에 따라 한국전력은 '건설-발전-운영-판매'의 모든 과정을 아우르는 에너지 오거나이징에서 강자로 자리매김하는 전략을 활용했다. 멕시코 노르떼Ⅱ 발전소는

BOO(Build-Operate-Ownership) 방식으로 진행되어 정부 투자의 부족분을 민간 자본유치로 해결하고, 이를 통해 25년간 멕시코 연방전력공사와 전력판매계약을 체결하는 선투자 후회수 방식을 활용했다.

두 번째는 긴밀한 협업관계 구축이다. 한국전력은 현지 사정에 밝은 테친트E&C와 글로벌 건설 수주 경험이 많은 삼성물산과 공동으로 사업을 수행해 설계 및 시공 과정에서 많은 시행착오를 줄였다. 또 2014년 5월 체결한 MOU를 통해 '스마트 그리드' 등의 에너지 신산업 분야까지 협력관계를 확대했으며, 2016년 4월 멕시코 연방전력공사와 전력사업 분야에 대한 포괄적 협력을 강화하는 MOU를 체결했다. 이를 기반으로 한국은 멕시코 에너지 시장 진출을 확대하고, 연방전력공사는 협업을 통한 기술발전을 기대하고 있다.

노르떼Ⅱ 발전소 건설은 지역경제 발전에도 큰 기여를 하고 있다. 한국전력은 노르떼Ⅱ 발전소 운영을 통해 현지 전문인력 양성에 기여하는 한편, 이를 기반으로 새로운 사업을 수행할 수 있는 기반도 다지고 있다. 한국전력은 멕시코와의 협력모델을 출발점으로 삼아 향후 중남미에서 더 많은 사업기회를 모색하고 있다.

노르떼Ⅱ 발전소의 성공적인 건설과 운영은 현지에서도 좋은 평가를 받고 있다. 현지 언론의 반응도 매우 호의적이라 미래에 더 큰 기대를 갖게 한다.

〈이 발전소가 450MW를 생산하는데, 이것은 9만 명이 소비할 수 있는 에너지에 해당한다. 국가적으로 이 프로젝트는 전력생산에서 매우 중요한 위치에 있는 기업이 에너지 부문 프로젝트에 참여한 첫 번째 사례이다. 향후 25년간 KST는 치와와주의 경제발전에 큰 기여를 하게 될 것이다. 이 발전소는 사회적으로 긍정적인 영향을 줄 것이며, 지역의 에너지 수요를 충족시키는 동시에 이 지역을 전력생산의 중심으로 만들 것이다.〉

–2014.3.4. 현지 El Financiero 경제일간지 보도 인용

〈한국기업의 투자와 멕시코 정부의 협력으로 건설된 노르떼 II 발전소는 60여 명의 영구적인 일자리를 만들어냈다. 주멕시코 한국대사는 이번 투자가 멕시코에 대한 한국의 첫 에너지 분야 투자라는 것을 강조하며, 한국기업이 멕시코의 에너지 개혁을 위해 더 많은 프로젝트에 참여할 수 있는 기회를 찾고 있다고 했다. 멕시코 연방전력공사의 금융투자 프로젝트 담당 국장은 멕시코와 치와와주에 신뢰를 준 한국 투자자들에게 감사를 표했다.〉

–2014.3.4. El Diario 일간지 보도 인용

사례 ❹

한국투자기업 도레이첨단소재

세계적 첨단재료 기업인 일본 도레이(Toray) 그룹의 자회사인 도레이첨단소재(Toray Advanced Material Korea)는 생활 기초소재부터 산업 핵심소재에 이르기까지 다양한 첨단소재 사업을 전개하고 있다. 2000년에 기술연구소를 설립했고, 2004년에는 서울에 첨단재료연구센터를 세웠다. 이어 경북 구미에 3개 공장을 설립하고, 새만금에 생산공장을 준공해 제1호 새만금 투자 외국기업이 되었다. 또 2016년에는 새만금 산업단지에 원료 · 수지 · 컴파운드를 한꺼번에 생산하는 PPS(폴리페닐렌 설파이드) 군산공장을 준공했는데, 이는 세계 최초의 PPS 일관생산체제 공장이다. 이밖에 새로운 성장동력을 확보하기 위해 2016년 경북 구미에 4공장을 착공하는 등 지속적인 생산시설 증설로 지역경제 및 고용창출에 기여하고 있다.

도레이첨단소재는 한국이 보유하고 있는 우수한 인적자원과 원가 경쟁력에 일본 도레이사의 첨단기술과 글로벌 마케팅력을 이상적으로 결합해 세계적인 경쟁력을 갖춰나가고 있다. 이런 점에서 투자유치를 통한 메이크 위드(Make with)의 우수 사례라고 할 수 있다.

이 회사는 GDP 대비 R&D 투자비율이 세계 최고 수준인 한국의 혁신역량에 주목했다. 비즈니스 구상 단계에서 가치사슬(Value Chain) 차원에서 다각적으로 검토한 결과, 한국은 상호협력과 공동개발의 가능성이 크며, 원료 공급과 수요 측면에서도 모두 강점이 있는 것으로 평가되었다. 특히 한국은 디스플레이, 모바일, 전자, 자동차와 같은 제조업이 강하고 화학, 부품, 철강 등 소재산업의 가치사슬이 잘 형성되어 있는 것이 강점이었다. 우수한 소재에서 훌륭한 완제품이 나올 수 있는데, 이런 측면에서 한국은 매우 경쟁력을 갖춘 나라로 평가되었다.

도레이첨단소재는 생산라인을 가동하면서 한국이 지닌 혁신역량, 제조업 경쟁력, 비용절감 등의 강점을 잘 활용하기 위해 많은 국내 연구기관 및 유수 기업들과 협력관계를 유지하려고 노력했다. 이 회사는 처음부터 단기적인 이익만 추구하지 않고 장기적인 관점에서 한국의 소재산업 진흥과 기술발전을 위해서도 기여한다는 생각을 갖고 많은 분야에서 협력관계를 구축했다. 특히 R&D부문은 오픈 이노베이션(Open Innovation) 관점에서 다양한 전문가를 영입해 내부역량을 육성함은 물론 국내 대학, 정부출연기관 등과 연계하여 대형 국책과제를 활발히 수행하면서 소재산업의 기초연구를 강화하는데 기여해왔다. 또 글로벌 시장 수요를 기반으로 연구개발거점의 역할을 강화해 해외고객의 니즈에 부합할 수 있는 맞춤형 기술지원을 제공하면서 한국 산업의 부품소재 경쟁력 강화에 많은 기여를 했다.

이밖에 학교 및 학회 등을 통한 학술지원 활동에서도 모범을 보이고 있다. 한국 고분자학의 발전을 위해 '도레이 고분자상'을 제정해 관련 분야에서 탁월한 업적을 이룬 학자에게 매년 상금을 지원하고 있다. 아울러 화공학, 복합

재료 등 관련 학술단체 활동도 후원하면서 한국의 소재산업 발전에 기여하고 있다.

도레이첨단소재는 지속적인 기술개발로 핵심 소재의 국산화를 추진하고, 수출을 확대해 우리나라의 경제발전에 기여하고 있다. 소재산업은 어느 한 회사만 잘해서는 발전할 수 없다는 관점에서 원료와 소재, 부품과 완성품 등 전후방 사업에서 기업들 간에 협력기반을 구축해 신시장 창출에도 모범을 보이고 있다. 또 국내 유수의 IT 및 전자기업들과 공동 연구개발도 활발히 추진함으로써 개발기간을 단축해 관련산업의 경쟁력 제고에도 기여하고 있다.

도레이첨단소재는 지역사회를 위한 사회공헌활동과 윤리경영에서도 모범적이다. 환경보호, 재해 및 재난 지원, 지역사회 봉사 등에서 매우 활발한 활동을 펼쳐 기업시민의 역할을 충실히 수행하고 있다. 또 높은 윤리의식 및 책임의식을 갖고 임직원이 법과 윤리를 지키는데 모범을 보이고 있다.

도레이첨단소재가 외국인투자기업으로서 단연 큰 기여를 하는 분야는 지역경제 발전과 고용창출이다. 구미와 새만금에 잇달아 대규모 생산공장을 설립해 많은 일자리를 창출해 지역경제 발전에 기여했다. 또 국내 기업을 비롯해 대학 및 연구기관들과 다양한 분야에서 협업해 많은 긍정적인 모습을 전파시킴으로써 한국의 주요 외자협력 파트너로 자리매김했다.

도레이첨단소재는 자사의 강점을 더 강화하기 위해 고부가가치 소재에 집중 투자하고 있다. 특히 PPS 사업부문에서 추가로 투자해 PPS 수지의 공급을 현재의 2배 수준으로 늘린다는 계획이다. 이러한 생산시설 증설을 통해 시장점유율을 높이고, 고용창출에도 더 많이 기여할 것으로 기대된다.

그동안 도레이첨단소재는 우리나라에서 많은 상을 받았다. 품질경영상, 5억불 수출탑, 납세자의 날 표창, 외국인투자유치 유공자 포상, 환경친화기업상, 글로벌 녹색경영대상, 노사문화우수기업상 등 시상 내용을 보면 '기업시민'으로서 현지 국가의 경제발전 및 지역사회를 위해 얼마나 모범적인 경영을 해왔는지 짐작할 수 있다. 우리 기업들이 해외 진출과정에서 상생과 호혜에 기반한 메이크 위드(Make with) 전략을 수립할 때 참고로 삼으면 좋겠다.

이상으로 몇 건의 메이크 위드(Make with) 사례를 소개했다. 다양한 국가 및 분야에서 많은 성공사례가 있겠지만 충분히 소개하지 못해 아쉽다. 하지만 위의 사례들을 면밀히 살펴보면 개념을 이해하는데 어렵지 않을 것이다. 해당 지역과 사업 분야별로 메이크 위드(Make with)의 방식은 매우 다양하게 나타날 수 있다. 중요한 것은 그것이 지향하는 정신적인 가치다. 비용절감에 기반한 생산기지 최적화 개념인 '메이드 인(Made in)' 시대가 저물고 있다. 이제는 산업 기반을 현지화해서 해당국의 산업발전, 소득증대, 고용창출 등에 기여해야 우리 진출기업도 살 수 있는 '메이크 위드(Make with)' 시대가 열리고 있다.

온·오프 글로벌 플랫폼으로 진화하는 KOTRA

"4차 산업혁명, 결국은 플랫폼이 주인공이다."

요즘 가장 주목을 받고 있는 도서 중의 하나로 『플랫폼 레볼루션』을 꼽는 이들이 많을 것이다. 미국 보스턴 대학의 마셜 밴 앨스타인 교수외 2인이 집필한 이 책은 4차 산업혁명 시대를 지배할 플랫폼 비즈니스에 대해 많은 영감을 준다. 4차 산업혁명 시대에 비즈니스의 성패는 플랫폼을 어떻게 디자인하고 운영하느냐에 달려 있음을 새삼 깨닫게 한다.

정부와 기업이 앞 다퉈 외칠 정도로 4차 산업혁명은 중요하고 파괴력이 어마어마하다. 4차 산업혁명은 흔히 인공지능(AI), 사물인터넷(IoT), 빅 데이터, 클라우드 컴퓨팅 등 첨단 신기술을 연상시킨다. 그런데 비즈니스 관점에서는 이런 기술들이 결합되어 나타나는 초연결(Hyper Connectivity)과 초지능(Super Intelligence)을 누가 담당하고 활용하느냐가 중요하다. 결국 그 역할은 플랫폼이 한다는 것이 이 책의 요지다.

이 책을 보면 자신들의 비즈니스에 플랫폼 방식을 도입하려고 사력을 다하는 글로벌 기업들을 많이 만난다. 제너럴일렉트릭(GE), 소니, 마이크로소프트, 나이키, 디즈니, 월마트, 하이얼 등이 그들이다. 이들이 죽을 힘을 다하는 이유는 단순하다. 공동저자인 상지트 폴 초더리가 "4차 산업혁명의 주인공은 플랫폼을 구축하거나 활용하는 자가 될 것이다"라고 말했듯이, 생존 그 자체를 위해서이다. 플랫폼이 왜 세상을 지배하게 되었는지, 그리고 글로벌 대기업들조차 플랫폼 기업에 밀리는 이유가 무엇인지에 대해 흥미와 두려움 속에 깨닫게 된다.

이 책에서 말하고 있는 것처럼 글로벌 시장은 플랫폼 중심으로 확장하고 있다. 기업은 기획 · R&D · 제조 · 마케팅을 데이터 중심으로 유기적으로 연계해 플랫폼 생태계를 주도해야 성장할 수 있는 시대가 되었다. 수출지원 기관도 이제는 서비스 플랫폼을 두고 경쟁하는 상황에 직면했다. 중소벤처기업부 신설로 국내외의 중소기업 해외지원 인프라를 정비하려는 움직임이 확대되고 있고, 중소기업 수출역량 강화를 위한 온라인 수출 통합 플랫폼을 구축하는 것도 핵심과제가 되고 있다.

이런 외부 환경변화는 KOTRA에게도 큰 도전과 변화를 요구하고 있다. 온라인 생태계를 통한 수출지원체계의 효율화가 필요하지만 아직 온라인 플랫폼을 통한 부가가치 창출 사례는 미약하다. 오프라인도 갈수록 늘어나는 공공부문 해외 인프라 수요에 대응해 KOTRA 해외무역관을 '공유 오피스(자신이 원하는 기간만큼 비용을 지불하고 공간을 공유하는 개념으로, 스타트업 붐이 일면서 유행함)' 개념의 플랫폼 기능을 강화함으로써 시너지 효과를 높여야 한다. 그동안 KOTRA가 유관기관 진출 및 협력 수요가 많은 지역을 중심으로 '원 루프(One-roof) KBP(Korea Business Plaza)'를 운영해오고 있지만 아직 기능과 역할이 부족한 실정이다.

KOTRA는 그동안 '글로벌 비즈니스 플랫폼'을 비전으로 삼아 전세계 86개국에 127개 무역관을 운영하면서 우리 기업들의 해외진출을 돕는 플랫폼의 역할을 수행해왔다. 그런데 4차 산업혁명 시대에 플랫폼 기능을 강화하려면 기존의 역할에서 한 걸음 나아가 온 · 오프라인의 모든 영역에서 플랫폼 역할이 요구되고 있다. 이에 KOTRA는 국가 차원의 '무역투자 O2O(Online to Offline) 플랫폼'의 구현을 목표로 온 · 오프라인의 플랫폼 역할을 새롭게 구축해 나가고 있다. 이를 위해 추진전략 및 과제를 수립하고, 2017년 10월부터 열린 혁신 전담반을 운영하면서 전사 차원의 아이디어를 공모해 중점추진 과제를 선정, 추진해 나가고 있다.

국가 차원의 무역투자 O2O 플랫폼 구현은 매우 중요한 과제이다. 나는 이것이 KOTRA의 미래를 좌우할 핵심요소로 보고 많은 지원과 관심을 기울이고 있다. KOTRA가 온 · 오프 글로벌 비즈니스 플랫폼 기능을 수행하려면 무엇보다 온라인 수출지원 인프라 개선이 중요하다. 이를 위해 그동안 단편적이고 분절된 형태로 운영돼오던 시스템을 개선하면서 온라인 인프라의 단계적인 효율화를 추진하고 있다. 또 보안 이슈가 적은 부분부터 클라우드 도입을 단계적으로 추진해 대내외 정보의 공유 · 연계 · 분석을 활성화하고 있다.

이밖에 스마트 워크 기반의 디지털 협업 환경을 구축해 이메일과 메신저 위주의 제한된 소통에서 벗어나 언제 어디서나 첨단 디지털 환경에서 협업이 가능하도록 하여 일하는 방식도 변화시켜야 한다.

다음으로 정보관리의 전략을 환경변화에 맞춰 재편하고, 플랫폼 개방을 추진해야 한다. 이를 위해 기존의 보고서 위주의 정보 생산 및 전파에서 탈피해 생산된 정보 간에 연계 및 축적이 용이하도록 해외시장 정보를 표준화하고, 빅 데이터 분석이 가능하도록 수치화 및 범주화해 나가기로 했다. 또 데이터 활용 및 분석 역량을 강화하기 위해 데이터 기획 및 생산부터 분석 및 활용까지 연계할 수 있는 전문가를 육성해 나갈 것이다.

그리고 고객맞춤 지능형 서비스 기반을 확충해야 한다. 이를 위해서 현재의 고객상담 중심에서 지능형 정보 및 서비스 제공 기능을 강화해 해외시장 빅봇(빅 데이터+봇(Bot)) 서비스를 고도화하고 있다. 일례로 변동성이 큰 해외 소비재의 수요변화를 예측하기 위해 검색 포털 등을 통합 분석하여 실시간 수요 등 유용한 정보를 제공함으로써 중소기업이 최적의 의사결정을 내려 수출 증대에 기여하도록 하고 있다. 또 KOTRA가 운영하는 B2B 전자상거래 플랫폼인 바이코리아(buyKOREA)의 기능을 개선해 결제 및 배송, 자동 번역, 상품 추천 등 고객편의 기능을 강화해 국가 대표의 e-마켓 플레이스로 육성하고 있다. 이밖에 KOTRA가 생산 · 제공하는 정보를 가공해 중소기업 및 바이어 대상으로 서비스를 제공하는 수출지원 기업 및 유관기관을 서비스 프로바이더(Service Provider)로 육성해 나갈 계획이다.

국가 차원의 무역투자 O2O 플랫폼 구현은 매우 중요한 과제이다. KOTRA가 온 · 오프 글로벌 비즈니스 플랫폼 기능을 수행하려면 오프라인에서 원 루프 플랫폼을 활성화하는 한편, 급변하는 환경에 대응해 온라인 수출지원의 인프라 강화가 중요하다.

끝으로, 네트워크형 협업을 활성화해 나가야 한다. 오프라인 플랫폼을 활성화하기 위해서는 국가 인프라인 KOTRA의 해외 네트워크에 유·무형의 자원을 제공해 수출지원 서비스의 가치를 증폭시키는 것이 중요하다. 이를 위해 입주대상 범위 확대, 프로그램 다양화, 사업관리 강화, 운영지원시스템 등 해외 원루프 운영 프로세스를 개선해 플랫폼 효과를 극대화하기로 했다. 이의 일환으로 몇몇 지역을 특화된 기능을 수행하는 플랫폼으로 활성화하기 위해 시범사업을 운영 중이다. 실리콘밸리는 글로벌 기술사업화 플랫폼으로, 베이징은 소비재 수출을 위한 민·관 합동 사업 플랫폼으로, 도쿄와 하노이·호치민은 해외취업지원 및 스타트업의 글로벌화 지원 플랫폼으로 각각 시범사업을 운영하는 등 오프라인 플랫폼 활성화를 위해 노력하고 있다.

우리는 대내외적으로 급격한 환경변화에 직면하고 있다. 대외적으로는 4차 산업혁명으로 글로벌 경제 패러다임이 급변하고 있고, 국내에서는 문재인 정부 출범에 따른 중기부 신설 및 일자리 창출을 위한 시대적 과제로 인해 기존과 다른 새로운 수출지원 생태계 조성이 핵심과제로 대두되고 있다. 이처럼 급변하는 사업환경에 KOTRA가 대응하려면 '글로벌 비즈니스 플랫폼'의 기능을 재정비하고 고도화하는 노력이 시급하다. 변화에 휩쓸리지 않고 변화를 이끌어가는 지혜와 도전이 어느 때보다 절실히 요구된다. 모든 구성원이 집단지성을 발휘해 KOTRA가 국가 차원의 무역투자 O2O 플랫폼으로 진화하여 우리나라를 무역강국으로 이끌어 경제성장과 일자리 창출에 크게 기여하길 기대한다.

우·문·해·답

우리의 문제는 해외에 답이 있다. 줄여서 우 · 문 · 해 · 답이다. 현장을 중시하는 내가 해외출장을 다닐 때마다 이 말의 중요성을 새삼 깨닫는다. 시대 과제인 경제 재도약과 일자리 창출에 대한 답은 해외에서 찾아야 한다. 수출의 경제성장 기여도가 낮아지고, 고용 창출도 예전보다 못하다는 지적이 있지만 여전히 수출은 성장과 고용창출의 견인차 역할을 하고 있다.

우리가 직면한 문제의 답을 찾으려고 지난 3년간 많은 현장을 다녔다. 해외출장은 생각보다 훨씬 많았고 몸도 고되었다. 길게는 보름이나 열흘 정도 해외에 머문 적도 여러 번 있다. 어떤 때는 한 달여 사이에 오세아니아, 중남미, 아프리카에 다녀오느라 보름 정도를 남반구에서 보내기도 했다. 또 지구 반대편의 남미 대륙을 보름 새 두 번 간 적도 있고, 아직 직항이 없는 이란은 두 달 새 세 번 다녀오기도 했다.

거의 매달 해외출장이 잡혔고, 어떤 때는 몇 주 연속 출장을 간 적도 있다. 갈 때마다 출장지가 다르니 시차도 제각각이라 몸이 적응하기가 쉽지 않았다. 그래서 숙면을 취하지 못할 때도 많았다. 한번은 40도를 넘는 고열에 시달려 현지에서 응급실에 가기도 했다. 매달 평균 열흘 정도 해외출장을 다녔는데, 일정 잡는 것도 쉽지 않았다. 국내 일정을 미리 조정해야 하므로, 휴일이나 공휴일을 끼고 출장을 갈 수밖에 없어 체력 소모가 컸다. 그래도 체력이 버텨주어서 한 번도 일정을 거른 적이 없으니 다행으로 여긴다.

워낙 출장이 잦으니 집에서도 염려가 많았다. 처음엔 그런가보다 하던 아내가 언제부턴가 "출장 좀 그만 가면 안 돼요?"라면서 같은 푸념을 되풀이하곤 했다. 너무 출장이 잦은 탓에 건강에 대한 염려와 가장의 부재에 대한 불평이 푸념 속에 담겨 있었다. 공무로 다니는 출장임을 누구보다 잘 아는 아내의 넋두리에 그냥 웃음으로 대꾸하면서 또 다시 여장을 꾸리곤 했다. 이렇게 3년 동안 다닌 해외출장을 헤아려보니 거의 3분의 1에 해당하는 330여 일이나 된다. 거리로는 지구 22바퀴 넘게 돌았고, 방문국은 거의 50개국에 달한다.

취임할 때부터 시작된 수출의 마이너스 행진은 나를 더 많은 해외출장으로 내몰았다. 그동안 경제성장을 이끌어오던 수출마저 글로벌 경기침체와 저유가 여파로 부진하자 현장 속으로 달려가야 하는 날들이 많았다. 10개 해외지역본부를 순회하면서 무역투자확대 전략회의를 주재하고 권역별로 기회요인을 찾으려고 노력했다. 또 한류상품전을 비롯해 각종 전시회 및 설명회 때 현장을 찾아 행사의 중요성을 국내외 언론에 알리고 직원들을 독려했다.

특히 2015~2016년에는 정상회담과 연계해서 우리 기업과 해외 파트너를 연결하는 1대1 상담회를 KOTRA가 주관했다. 그래서 현장 준비상황을 점검하고, 성과를 챙기느라 자주 해외현장을 찾았다. 당시 1대1 상담회는 중소 · 중견기업의 해외진출을 지원하는데 큰 역할을 했다. 종전에는 대기업 위주로 경제사절단이 구성되어 중소 · 중견기업들의 참여가 제한적이었다. 그런데 1대1 상담회가 정상회담과 연계된 공식 행사로 자리잡으면서 중소 · 중견기업의 참가 비중이 대폭 늘어났다. 우리 기업들은 정상회담 사절단의 일원이라는 '후광효과' 때문에 외국의 바이어들에게 큰 신뢰를 주어 실질적인 성과창출 효과가 컸다.

또 우리가 해외무역관을 두고 있는 나라에서 개최되는 주요 산업협력 및 경제교류 행사에 최대한 참석하려고 했다. 이들 행사는 사장인 나의 참석 여부에 따라 행사의 격이 달라질 때가 많다. 사장이 불원천리로 달려가면 상대국에서도 화답하듯이 더 높은 직급의 관계자들이 참석한다. 그러면 우리 직원들과 기업인들 간에 그만큼 해외 네트워크를 넓힐 수 있어 비즈니스에 도움이 된다.

현장의 중요성을 강조하는 나는 힘이 닿는 만큼 근무여건이 좋지 않은 해외무역관을 찾아 스킨십을 하면서 직원들의 사기를 높여주려고 애썼다. 또 무역관의 정원이 결원인 곳들은 충원해주고, 1인 무역관도 가급적 복인화(複人化)하여 직원들의 사기는 물론 업무 효율을 높여주려고 노력했다. 이밖에 승진에서도 본사보다 현지 무역관의 근무자들이 배제되거나 소외되는 일이 일어나지 않도록 최대한 챙겨주려고 했다.

현장의 중요성을 강조하는 나는 힘이 닿는 만큼 근무여건이 좋지 않은
해외무역관을 찾아 스킨십을 하면서 직원들의 사기를 높여주려고 애썼다.

이런 현장경영 등에 힘입어 수출활력 회복을 위해 직원들이 열심히 뛰고 있는 것에 큰 보람을 느낀다. 다행히 최근의 세계경제 회복세가 우리 수출과 경제 재도약을 위한 좋은 기회를 제공해주고 있다. 그동안 우리 수출은 세계 경기의 사이클과 궤를 같이 해왔다. 특히 세계경기 호조기에는 우리 수출이 탁월한 성과를 거두면서 경제를 견인하는데 큰 역할을 수행해왔다. 실제로 우리 수출은 1949~2016년 기간 중에 연평균 16.5% 성장해 세계 교역증가율인 8.8%를 크게 상회하면서 경제성장을 주도해왔다.

그런데 갈수록 수출의 경제성장 기여율이 줄어들고, 고용 창출효과도 둔화되고 있는 것이 사실이다. 따라서 그동안 애써온 수출구조 개선 노력에 더욱 박차를 가해 나가야 한다. 수출 주체의 전환 및 품목 · 시장 · 방식의 다변화를 지속적으로 추진해야 한다. 그래야 수출이 대기업 위주의 양적 성장에 머무르지 않고, 중소 · 중견기업의 성장과 일자리 창출로 이어질 수 있다.

수출은 여전히 일자리의 양적 성장을 주도하고 있다. 수출에 의한 취업자 수의 증가세는 둔화되고 있지만 취업자 수는 증가하고 있다. 무역협회 자료에 따르면, 전체 취업자에서 수출에 의한 취업자 수는 1985년 284만 명에서 2014년 611만명으로 327만 명이 증가했다. 최근 10년간 존속해온 제조업체를 대상으로 분석한 결과에서도 수출기업이 내수기업보다 일자리 창출에서 앞서는 것으로 나타났다. 2006~2015년 취업자 수 증감에서 수출기업은 11만명으로 18.7% 증가한 반면, 내수기업은 7만명으로 12.2%가 느는데 그쳤다. 또 수출기업은 내수기업보다 좋은 일자리를 더 많이 만든다. 수출기업의 1인당 평균급여는 7,800만원으로 내수기업인 5,900만원보다 훨씬 높고, 정규직 비중도 내수기업보다 높은 것으로 나타났다.

이밖에 소비재 및 서비스 분야의 고용창출 효과가 제조업보다 높은 것으로 나타났다. 수출 10억원 당 소비재는 12.7명, 서비스 업종은 15.4명의 일자리를 만드는 반면, 제조업은 8.3명에 그쳐 일자리 창출을 위해서는 수출품목의 다변화가 시급한 것으로 분석되고 있다.

KOTRA는 무역과 투자로 좋은 일자리를 창출하기 위해 노력하고 있다. 이를 위해 사장을 위원장으로 하는 일자리 위원회를 통해 다양한 사업을 추진하고 있다. KOTRA는 향후 5년간 공사의 고유 기능에 채용 지원사업을 연계해서 직접적인 일자리 11만 개(외투기업 일자리 매년 15,000~20,000명으로 총 105,000명, 글로벌 취업 상담회 등 일자리 창출사업으로 총 5,000명)를 만들 계획이다. 또 KOTRA는 2022년까지 정부가 목표로 삼고 있는 중소·중견기업 수출액 2,500억 달러 달성을 통해 5년간 간접적인 일자리 52만 개(2016년 중소·중견기업 수출액 1,860억 달러 대비 640억 달러 증가시, 수출의 취업유발계수 8.1명/10억원 고려)를 창출해 무역투자진흥기관으로서 일자리 창출에 앞장설 것이다.

수출구조의 혁신을 지속적으로 추진해 나간다면 수출이 경제성장과 일자리 창출을 주도적으로 이끌어갈 수 있다. 경제가 어렵고 일자리가 부족할수록 해외시장을 두드려야 한다. 그래야 경제가 살고 일자리가 늘어난다. KOTRA가 그 해답을 찾아가는 항해에 앞장설 것이다. 그것이 KOTRA의 사명이고 길이다.

2016년 3월 남아공 방문 때 케이프 타운의 희망봉에 섰을 때의 모습.
우리의 문제는 해외에서 답을 찾아야 한다. 우리 수출의 새로운 희망을 기원한다.